FAMÍLIA
E PSICOLOGIA

Pe. JOÃO CLÍMACO CABRAL, C.Ss.R.

FAMÍLIA E PSICOLOGIA

Supere os conflitos

EDITORA SANTUÁRIO
Aparecida-SP

DIREÇÃO EDITORIAL: Pe. Flávio Cavalca de Castro, C.Ss.R.
Pe. Carlos Eduardo Catalfo, C.Ss.R.
COORDENAÇÃO EDITORIAL: Elizabeth dos Santos Reis
COPIDESQUE: Luciana Novaes Russi
COORDENAÇÃO DE REVISÃO: Maria Isabel de Araújo
REVISÃO: Ana Lúcia de Castro Leite
DIAGRAMAÇÃO: Marcelo Antonio Sanna
CAPA: João Carlos Correard

Dados Internacionais de Catalogação na Publicação (CIP)
(Câmara Brasileira do Livro, SP, Brasil)

Cabral, João Clímaco, 1930 -
Família e psicologia: supere os conflitos João Clímaco Cabral — Aparecida, SP: Editora Santuário, 2000. — (Série Família & Vida)

ISBN 85-7200-673-7

1. Cônjuges 2. Educação de criança 3. Família - Aspectos psicológicos. 4. Pais e filhos 5. Solução de problemas (Psicologia) 6. Vida familiar - Educação I. Titulo. II. Série

00-0789 CDD-253.76

Índices para catálogo sistemático:

1. Pastoral familiar: Cristianismo 253.76

Composição, impressão e acabamento:
EDITORA SANTUÁRIO - Rua Padre Claro Monteiro, 342
Fone: (0xx12) 3104-2000 — 12570-000 — Aparecida-SP.

Ano: 2007 2006 2005
Edição: **12 11 10 9 8 7 6**

Apresentação

A minha vida inteira tem sido atender o Povo de Deus.

Quantas pessoas sofrendo, quantas pessoas chorando, desesperadas sem saber que caminho tomar na vida... A minha vida até hoje foi ouvir, orientar, mostrar o caminho certo e consolar tantos corações sofredores.

Depois de conhecer o mundo com tantos erros, com tanta maldade e sofrimento, resolvi escrever este livro. Eu quero mostrar caminhos de felicidade, ensinar muitas pessoas a viver e muito mais do que isto, eu quero mostrar que existe o AMOR e este AMOR é o próprio DEUS, que quer e deseja que todos sejam felizes.

Quando eu vejo tantas casas rabiscadas, pichadas, eu gostaria de apagar tudo e escrever: "Amar". Se todos ouvissem a voz de Cristo: "Amai-vos uns aos outros, assim como Eu vos amei...", o mundo seria diferente. Não haveria mais mortandade, assassinatos e abortos. O mundo seria feliz.

Quando eu vejo nas estradas, tantos caminhões com uma frase escrita atrás, eu gostaria de apagar todas essas frases e escrever em todos os caminhões do Brasil: "Se os pais soubessem quanto prejudicam os filhos, brigando diante deles, nunca mais iriam brigar".

Estamos à porta de um novo milênio. Um novo século está começando. Eu espero a renovação da família. Eu quero que a família seja a base da sociedade, a escola para os novos brasileiros que nascem.

Eu desejo que cada lar seja feliz e que cada brasileiro do futuro possa viver muito feliz dentro de uma casa, abraçado com seu pai e sua mãe, que repartem felicidade.

Eu gostaria que em o Novo Milênio, todos conhecessem as conseqüências de uma rejeição intra-uterina paterna e materna e nunca mais teríamos crianças sofrendo, porque não receberam amor e carinho de seus pais.

Novo Milênio, novo século, novos casais felizes, transmitindo felicidade para seus filhos, netos e bisnetos. Somente pais felizes podem fazer filhos felizes.

Que este livro "Família e psicologia" seja uma luz, para que todos tenham não só casa, mas um lar bem estruturado, tendo como base o DEUS AMOR e como conseqüência: a FELICIDADE.

Pe. João Clímaco Cabral

I

A família como vocação

1. O matrimônio é uma instituição de Deus

Uma comunidade de amor

Para nós entendermos a família, o matrimônio, precisamos entender Deus. Sem entender Deus, nós nunca entenderemos o matrimônio.

Quem é Deus? Deus é uma comunidade de três Pessoas: o Pai, o Filho e o Espírito Santo. As três Pessoas Divinas estão unidas entre si pelo amor. O Pai ama o Filho e o Filho ama o Pai. O amor do Pai para com o Filho e do Filho para com o Pai é o Espírito Santo, que é o Deus Amor.

Deus é, portanto, uma comunidade de três Pessoas, unidas pelo amor. Deus é uma comunidade de amor e sendo uma comunidade de amor é infinitamente feliz.

Foi esse Deus infinitamente feliz, comunidade de amor, que um dia disse: "Façamos o homem e a mulher à nossa imagem e semelhança" (Gn 1,26).

Esse mesmo Deus, comunidade de amor, instituiu o matrimônio com estas palavras: "O homem deixará seu pai e sua mãe e se unirá a sua mulher e os dois formarão uma só carne" (Gn 2,24).

O homem e a mulher vão viver à semelhança de Deus. É Deus que vai uni-los nessa instituição feita por ele na terra, o matrimônio.

Quando houver o amor, é o Deus Amor, o Divino Espírito Santo, que estará unindo os dois para sempre. E quando dentro de um lar existir esse amor, o Divino Espírito Santo, poderão vir todas as tempestades da vida, poderão vir todas as dificuldades, que o casal continuará sempre unido, porque os dois foram unidos pelo Deus Amor.

Assim, o matrimônio passa a ser uma vocação, um chamado de Deus, para que o casal viva à semelhança de Deus e contribua com ele na própria criação de novos seres, que são os filhos.

A família, sendo uma comunidade de amor, passa a ser uma comunidade feliz.

A santidade do matrimônio

Para nós entendermos a santidade dessa instituição, gostaria de mostrar como a Bíblia usa as mesmas palavras para descrever a Encarnação do Verbo e a união de Cristo com a natureza humana.

Cristo, que tem uma natureza divina, ao nascer aqui neste mundo une a natureza divina com a natureza humana. Para descrever essa união de duas naturezas, a Bíblia Sagrada usa estas palavras: "O Verbo se fez carne e veio morar entre nós". O Verbo de Deus, a segunda Pessoa da Santíssima Trindade, uniu-se a nossa natureza e se tornou carne. A mesma Bíblia Sagrada, para descrever a união do homem e da mulher, uma instituição divina na terra, usa as mesmas palavras: "O homem deixará seu pai e sua mãe e se unirá a sua mulher e os dois formarão uma só carne" (Gn 2,24).

O casamento é, portanto, não uma invenção dos homens ou do Estado, mas uma instituição de Deus na terra. Antes mesmo de existir o Estado, Deus une o homem e a mulher numa instituição divina.

Agora vamos dar um passo à frente, para nós entendermos bem sobre o casamento ou matrimônio.

Jesus Cristo vindo ao mundo, querendo distribuir suas graças a todos, toma aquela instituição divina do Antigo Testamento, que é o matrimônio, e o eleva à dignidade de Sacramento dentro de sua Igreja.

São Paulo diz: Assim como Jesus Cristo está unido à sua Igreja, formando com esta Igreja um só corpo, o Corpo Místico de Cristo, assim também o homem se unirá a sua mulher formando uma só carne, uma só vida (cf. Ef 5,25-32).

O marido pelo casamento passa a ser a cabeça da mulher, como Cristo é a cabeça da Igreja, Corpo Místico. O marido deve amar a sua esposa, como Cristo ama a sua Igreja.

Por causa desse paralelismo entre Cristo e sua Igreja, o Sacramento do matrimônio é chamado o grande Sacramento.

Jesus Cristo tomou essa instituição de Deus, desde o começo do mundo, elevou-a à dignidade de Sacramento, sinal sensível da graça. Desse modo, Cristo abençoa pessoalmente o casamento e distribui as suas graças a quem recebe esse Sacramento dignamente.

Assim como o Batismo, antes de Cristo, era um simples sinal de adesão à palavra de um profeta e foi elevado à dignidade de Sacramento por Cristo, aconteceu também com o casamento. Cristo confere graças especiais aos nubentes que recebem o Sacramento do matrimônio.

Por isso, cada nubente deve preparar-se santamente para

receber o Sacramento do matrimônio. Cada nubente cristão deve estar em estado de graça, para assim receber dignamente o Sacramento do matrimônio, não colocando obstáculo à graça de Deus.

Um vínculo indissolúvel

O Sacramento do matrimônio cria entre o homem e a mulher um vínculo indissolúvel. O que Deus uniu o homem não tem possibilidade de separar.

Para nós entendermos bem isso, vamos conferir a Palavra de Deus. Leiamos com muita atenção o Evangelho de São Mateus (19,3-6):

"Os fariseus perguntaram a Jesus para pô-lo à prova: 'É permitido a um homem rejeitar sua mulher por qualquer motivo?'. Respondeu-lhes Jesus: 'Não lestes que o Criador, no começo, fez o homem e a mulher e disse: O homem deixará seu pai e sua mãe e se unirá à sua mulher e os dois formarão uma só carne? Assim, eles já não são dois, mas uma só carne. Portanto, o que Deus uniu, o homem não separe'".

Essa palavra de Cristo é muito séria: "O que Deus uniu, o homem não separe". Toda a lei que for contra essa palavra de Cristo é nula, ilícita e ilegítima, porque Cristo é o Sumo e Eterno legislador da humanidade.

A palavra de Cristo fica para sempre e para todos os tempos: "O que Deus uniu, o homem não separe". Quantas pessoas já se separaram, mas continuam unidas economicamente, unidas pelos filhos e até na mente, porque sempre falam: o meu marido, a minha mulher.

O Sacramento do matrimônio cria entre o homem e a mulher um vínculo indissolúvel. Para o que Deus uniu não existe possibilidade de separação.

Homem e mulher: uma só carne

Deus, em seu plano de amor, não queria que o homem ficasse sozinho na terra, por isso criou também a mulher.

Vamos abrir novamente o primeiro livro da Bíblia (Gênesis 2,18): "O Senhor Deus disse: 'Não é bom que o homem esteja só. Eu vou dar-lhe uma auxiliar, que lhe seja semelhante'".

E Deus criou a mulher, que vai ser complemento e companheira do homem. E dentro desse plano de amor, Deus une a mulher e o homem numa grande instituição, que nós chamamos de matrimônio ou casamento.

Como Deus é maravilhoso e sábio. O homem sozinho é incompleto em sua vida intelectual, em sua vida emocional e também em sua vida sexual. O mesmo acontece com a mulher. O homem vai precisar da mulher para completar sua inteligência, sua vida emocional e sua vida sexual. Assim também a mulher é incompleta em sua inteligência, em sua vida emocional, em seu psíquico e também em sua vida sexual.

Deus une o homem e a mulher para que os dois se completem e sejam uma só carne, um ser completo, com capacidade de viver intelectual e emocionalmente melhor e ter capacidade de formar novos seres, por meio de uma vida sexual.

Vejamos, novamente, as palavras ditas por Deus ao primeiro casal da humanidade. Com estas palavras, Deus instituiu o matrimônio e uniu o homem e a mulher numa instituição divina: "O homem deixará seu pai e sua mãe, para se unir a sua mulher, e os dois serão uma só carne" (Gn 2,24).

Os dois formarão um só ser com inteligência completa, poderão ter uma vida emocional sadia e uma força de procriação. Só Deus poderia fazer tudo isso. Só Deus une o homem e a mulher. O resto é invenção dos homens e a destruição daquilo que Deus fez bem-feito.

2. O compromisso de formar uma família

Cada jovem antes de casar precisa pensar muito, pois o casamento não é uma brincadeira, nem uma loteria.

Nós não escolhemos os nossos pais, nem o país para morar. Nós não escolhemos o nosso sexo, nem a cor de nossos cabelos. Não escolhemos sequer o nosso nome.

Tudo nos é dado de graça. A única coisa que o homem escolhe é sua esposa. A única coisa que a mulher escolhe é seu marido.

Por isso, muita atenção, ninguém pode errar na hora de escolher um marido ou uma esposa. Quem errar nessa escolha poderá dar ao mundo um testemunho público de incapacidade de escolha.

Quem casa entra para o plano de Deus. Sem Deus não existe amor. Sem Deus é impossível existir matrimônio.

Coloque Deus dentro do seu lar, dentro de seu coração, apresente esse Deus para os seus filhos, este casal e estes filhos serão muito felizes durante a vida toda.

Preparados para casar

Toda pessoa que fizer um casamento condicional — 'se der certo eu continuo unido' — já está errada antes de casar. Já está duvidando.

Casa na dúvida. E mais tarde, por qualquer motivo se separa, aumentando o número dos que destroem o que construíram durante a vida e deixam debaixo dessa ruína os filhos.

Deus instituiu o casamento para a felicidade do homem e da mulher. Se não houver felicidade, a culpa está nos dois que não souberam casar ou não estavam preparados para casar.

Deus é um Espírito perfeitíssimo, criador do céu e da terra. Se nós fizermos de novo a pergunta: Em que o homem e a mulher são semelhantes a Deus e imagem de Deus? Podemos responder:

O homem e a mulher têm uma inteligência, têm a capacidade de amar e têm uma alma imortal, que é um simples espírito, por isso são semelhantes a Deus e imagem de Deus, que é inteligente, que é o amor e que é um Espírito perfeitíssimo.

Foram esse homem e essa mulher que Deus uniu em uma instituição divina, que nós dizemos ser o matrimônio.

Casar é entrar dentro de um plano divino, um plano de Deus. As pessoas entram dentro desse plano conscientemente ou inconscientemente.

Essas pessoas poderão receber a graça de Deus, se estiverem preparadas. Ou também não receberem a graça de Deus, se estiverem com um obstáculo à graça. A graça de Deus supõe sempre uma natureza preparada para recebê-la.

Casamento por toda a vida

Neste mundo que se diz moderno tudo passa a ser descartável. Carro novo todos os anos. Roupas e fraldas descartáveis. Tudo para usar o mínimo possível e jogar fora.

Neste mundo descartável, muitos jovens têm dificuldade em compreender um casamento por toda a vida e uma fidelidade conjugal a uma pessoa por toda a existência.

A realidade é esta: casamento não é algo descartável. A fidelidade conjugal deve ser algo para valer por toda a vida.

Construir uma família feliz

O que constatamos é o seguinte: muitos casais conseguiram construir um lar sólido e atingir maturidade conjugal e espiritual.

Os movimentos de Igreja em prol da família ajudam sem dúvida muitos casais a viverem bem e felizes. Encontros de casais com Cristo, o Movimento familiar cristão, as equipes de Nossa Senhora e outros movimentos estão aí ajudando muitos casais a construir uma família feliz.

De outro lado, nós vemos muita imaturidade dos jovens ao assumirem o casamento. Nós sabemos que a imaturidade dele ou dela é a causa mais forte da separação de muitos casais.

Muitos jovens não tiveram o exemplo dos pais dentro de casa, não viram no casamento de seus pais o amor, a compreensão e o carinho. Estes jovens vão para o casamento com medo de não serem felizes e com uma grande insegurança.

Aquele moço que vai casar muitas vezes se esquece que, antes de fazer uma mulher feliz, a sua esposa, ele precisa fazer uma outra mulher feliz, a sua mãe. Aquela moça, antes de fazer o seu marido feliz, deve fazer um pai feliz.

Quando não há em casa um lar feliz, aparece a insegurança para construir um outro lar feliz.

Construir uma vida a dois

Que está faltando para os casais que esfriam no amor e não constroem uma vida em comum?

Falta uma preparação para a vida.

Muitos jovens casam para fugir de casa. São os tais casamentos de fuga. Estes jovens são imaturos, não formaram ainda sua personalidade e assumem uma vida a dois como uma aventura.

Muitos têm uma imaturidade psicológica. São jovens que tiveram problemas na primeira infância e se fecharam. A idade cronológica vai embora e a idade psicológica fica atrasada. Estas pessoas são imaturas, têm comportamento infantil, são egoístas: tudo tem de ser conforme seus desejos, senão ficam irritadas, contrariadas e nervosas.

Além disso, esses jovens infantis são egocêntricos: querem ser o centro das atenções e quando ficam enfezados viram o 'defuntinho da casa', não falam mais com ninguém e tornam-se o centro das atenções.

Pobres jovens infantis, imaturos, criançolas, que não estão preparados para casar, porque casamento é o sair de si mesmo, doar a vida e fazer o outro feliz.

Muitos jovens que casam não têm a capacidade de fazer um projeto para a vida toda. Seus projetos são mesquinhos, egoístas e não duram muitos anos. Como conseqüência vemos o cansaço da vida em família e um desejo de libertação.

Além disso, muitos não compreendem o sentido da fidelidade conjugal. O coração humano não pode ser partido e repartido. Quem tiver duas atrações opostas está em conflito.

Ter uma esposa e ter uma amante. Este conflito interno leva a pessoa a um nervosismo que poderá chegar à fúria.

É a pessoa dividida, em conflito. Esse conflito traz o medo de ser descoberto, porque a pessoa, com a infidelidade, esconde uma bomba em seu lar.

Vivendo no sistema conjugal

Muitos casais só criticam seus pais e o modo como foram educados. Estes casais não tiraram a lição da vida.

A soma de todos os acontecimentos nos ensina a viver. Esses casais que só criticam o passado querem fazer uma família diferente, algo novo.

Depois de algum tempo, construíram uma família inconsistente, sem base. Os filhos crescem sem rumo na vida e sem projeto de vida. Serão aqueles jovens que não sabem o que querem, têm dificuldade em estudar e em trabalhar, porque são frutos de uma família sem rumo e sem planejamento.

Por outro lado, muitas famílias vivem no sistema patriarcal: o pai, o homem, manda em tudo e determina tudo. Ninguém pode dar opinião, nem a esposa, nem os filhos.

Esse sistema é da Idade Média. O mundo evoluiu. A mulher ocupou seu lugar na sociedade. As ditaduras mundiais já terminaram. Os sistemas autoritários já caíram.

Hoje em dia, a família parte para o sistema conjugal: o homem e a mulher têm os mesmos direitos e deveres. O homem e a mulher são dois seres que dão as mãos e caminham na mesma direção.

O homem completa a mulher e a mulher completa o homem, em sua vida intelectual, emocional e sexual.

Os dois unidos vão educar os filhos e prepará-los para enfrentar a vida; os dois vivendo uma vida conjugal. Para isso, é preciso muito diálogo, muita compreensão, muita unidade de pensamento e de vida; os dois sabendo que um precisa do outro na vida intelectual, emocional, afetiva e sexual. É preciso muito planejamento, muita escuta do outro.

Uma relação de amor

Toda relação de amor supõe: a aproximação da pessoa amada; disponibilidade de tempo e de doação; atenção dispensada à pessoa amada; respeito, para isso guardamos distância; nunca ser peso ou sufocar a pessoa amada.

Estar perto é ser alguém próximo, acessível, alguém a quem podemos apelar facilmente. Alguém que é presença, capaz de deixar tudo para nos escutar.

Entre as pessoas que se amam não existem barreiras. Aqueles que se amam conhecem o íntimo do coração, sem violência, com um olhar, um gesto, uma palavra. Os pais devem amar os seus filhos, a tal ponto que eles se conheçam só pelo olhar.

Os filhos um dia vão partir para amar outras pessoas. Essa partida não deve ser um trauma para os pais, porque o amor não é possessivo. Os filhos partem para formar um outro lar.

Os pais nunca deverão intrometer-se no lar dos filhos. Estes por algum tempo ficarão perto dos pais e talvez por um tempo maior ficarão longe, dirigindo os seus próprios lares. É a proximidade e a distância.

A Bíblia sabiamente diz: "O homem deixará seu pai e sua mãe e se unirá à sua mulher e formarão uma só carne". É bom deixar o pai e a mãe e ir morar longe. É triste ver jovens que vão morar com os pais ou bem perto. Aquela mãe não se desprende do filho e poderá ter ciúmes da nora.

O que acontece é que aquele filho fica sendo disputado em seu carinho e atenção por duas mulheres: sua mãe (a sogra) e a esposa. A vida, muitas vezes, torna-se um inferno. A nora não agüenta a sogra e a sogra não agüenta a nora.

Os pais deverão tomar distância de seus filhos casados, para não se intrometer na vida do casal e no modo de educar os netos.

Tomar distância é não se deixar levar por discussões banais e chantagens afetivas. Tomar distância é também não querer resolver tudo para os filhos.

O casal novo poderá passar por dificuldades, sofrimento, mas tudo isso lhes fará bem, do ponto de vista de amadurecimento e de união nas horas difíceis.

Os pais que souberam educar bem seus filhos vão confiar na educação que deram. Querer educá-los depois de casados é perda de tempo e atrapalha a vida conjugal do filho ou da filha.

Colocar mais Deus em nossa vida

Esta é uma realidade: muitos casais não criam uma vida em comum. Um critica o outro. Um quer mudar o outro. Ninguém muda ninguém. Vão vivendo e não olham as qualidades das pessoas, mas só os seus defeitos.

Não existe mais diálogo, mas briga. O amor esfria. A compreensão não existe. O casal experimenta um cansaço e é o fim.

Muitas vezes, em vez de procurar um encontro de casais com Cristo, optam pela separação. É o fim. Um casal à beira da estrada da vida. O sofrimento dos filhos e duas vidas frustradas, que vão mendigar amor pelas sarjetas da vida. Geralmente surgem a desilusão e o desespero.

Se o casal está nesse ponto, seria bom que parasse um pouco para pensar.

Vamos começar tudo de novo? Vamos colocar mais Deus em nossa vida?

Vamos começar a ouvir o outro e entrar num diálogo. Como seria bom, se os dois fizessem um encontro de casais!

Uma coisa é certa: a separação nunca resolve problemas, aumenta-nos.

3. Espiritualidade conjugal e familiar

Depois de refletirmos sobre tantos temas que envolvem a família, podemos falar sobre a espiritualidade conjugal e familiar. A espiritualidade na vida sexual, no Sacramento do matrimônio, e a espiritualidade do amor.

A espiritualidade na vida sexual

O sexo é algo santo e sagrado que Deus deixou no mundo. É uma força que Deus colocou em cada ser humano, visando a quebra da solidão e mostrando que a vida precisa ser partilhada.

A sexualidade não é apenas o ato genital, mas todo amor e carinho, afeto e afeição, que uma pessoa humana precisa ter na vida, para bem viver e sentir-se amada e querida, valorizada e respeitada.

Infelizmente, nós vivemos num mundo que caçoa, ridiculariza e rebaixa o sexo para o caminho da prostituição e do gozo egoísta, o prazer pelo prazer.

Repito: O sexo dentro do matrimônio é algo santo e sagrado. Se não fosse um ato sexual entre meu pai e minha mãe, eu não estaria aqui dialogando com vocês. E vocês não teriam vida.

No mundo de hoje nós presenciamos a zombaria ao sexo, o erotismo, e o sexo sendo apresentado como algo banal, como prazer corriqueiro. Isso denota a decadência de nossa sociedade e a leviandade de muitos, que consideram a vida como um estéril e uma Sodoma e Gomorra modernas.

Nós sabemos que o ato sexual sem o amor passa a ser uma prostituição. O sexo procurado só para satisfazer os apetites desordenados é um egoísmo.

O sexo não é brincadeira e não pode ser usado com leviandade. As conseqüências são funestas nos dias de hoje. A Aids está aí contagiando a muitos que vão contra a natureza. Filhos ilegítimos estão por toda a parte. Jovens desorientados estão aí traumatizados e revoltados.

A espiritualidade no Sacramento do matrimônio

Cada Sacramento está unido à Páscoa e à Ressurreição de Cristo: pelo batismo, nós participamos da vida nova, vinda pela Páscoa. Recebemos a vida de Deus em nós = a graça santificante. A Eucaristia é a renovação e atualização do sacrifício de Cristo na cruz.

O matrimônio é o símbolo da Nova e Eterna Aliança que Deus fez com seu povo. O homem e a mulher fazem uma aliança entre si e os dois com Deus.

No Antigo Testamento, Deus fez uma Aliança com seu povo. Libertou-o da escravidão do Egito e deu-lhe uma pátria nova. Em o Novo Testamento, Jesus Cristo faz a Nova Aliança. Liberta o povo de Deus do jugo do pecado e lhe dá a Vida de Deus (a graça santificante), abrindo para todos a nova pátria, o céu.

O matrimônio é a aliança do homem e da mulher com Deus. Os dois passam a ser colaboradores com Deus na transmissão da vida. Os dois com seus filhos são a continuação do povo de Deus.

São Paulo nos diz: "A Igreja é a Esposa de Cristo e Cristo, como esposo da Igreja, dá a ela a vida" (Ef 5,25).

O matrimônio é a participação no mistério do amor. "Deus é amor e aquele que permanece no amor permanece em Deus e

Deus nele." O amor que existe entre o homem e a mulher no Sacramento do matrimônio é o Espírito Santo, o Deus Amor, que une o casal como une também o Pai ao Filho e o Filho ao Pai.

O casal que recebe o Sacramento do matrimônio participa do amor, que é Deus. Esse casal unido pelo amor poderá passar por todas as dificuldades, estará sempre unido, porque foi unido por esse amor. Quando falta o amor, falta Deus. Faltando Deus, falta tudo. O casal poderá não subsistir e o lar poderá chegar a uma ruína.

Os esposos cristãos unidos pelo Sacramento do matrimônio são consagrados a Deus e participam dos deveres e dignidades especiais do povo de Deus. Unidos com Deus, passam a colaborar na própria criação do universo.

A espiritualidade do amor

O que é o amor?

A Bíblia Sagrada nos dá a resposta: "Deus é amor: quem permanece no amor permanece em Deus e Deus permanece nele" (Jo 4,16).

Quem tem amor está com Deus e Deus está dentro dele. Quem não tem amor não está com Deus.

Deus é um só em três pessoas. Deus Pai ama o Filho com um amor infinito e o Filho ama o Pai com um amor infinito. O amor do Pai para com o Filho e o amor do Filho para com o Pai é o Divino Espírito Santo, que é o Deus Amor.

O Espírito Santo é o amor. Quem está no amor tem o Espírito Santo dentro de si.

A pessoa que tem amor dentro de si é pacífica, paciente, serviçal, não procura seu interesse, não é ciumenta, não é orgulhosa, não se irrita, não guarda rancor, tudo desculpa, sempre perdoa, não é injusta, alegra-se com a verdade, tudo crê, tudo suporta, tudo espera, é sempre carinhosa, não ofende a ninguém, sempre feliz e reparte felicidade.

O que não é amor

Amor não é paixão. A paixão é doentia, possessiva, egoísta e vira ódio.

Amor não é egoísmo. Egoísmo é um defeito de caráter que faz a pessoa sofrer.

Amor não é filantropismo, que faz o bem para receber recompensa.

Amor não é sexo. Sexo é uma coisa e amor é outra. O amor poderá estar unido ao sexo, mas nunca uma coisa é outra. Pode existir sexo sem amor, que é uma prostituição, e poderá existir o amor sem o sexo.

O grande mandamento

A Carta Magna do mundo, o grande mandamento é este: "Amarás o Senhor teu Deus de todo o coração, com toda a alma, com todas as forças, e com todo o entendimento e o próximo como a ti mesmo" (Lc 10,27; cf. Mt 22,37).

4. Unidos no amor e na fé

A base e o fundamento da família é o amor. Este amor consiste em sair de si mesmo e fazer o outro feliz. A vida precisa ser doada. E se não houver a doação de vida, não existe a auto-realização da pessoa humana.

O exemplo de tudo isso é o próprio Jesus Cristo, que doou a sua vida como prova de amor.

Vamos ver isso em concreto, dentro da família.

A família não é apenas um determinado número de pessoas que vivem debaixo de um mesmo teto, mas pessoas unidas que vivem a fraternidade. Essas pessoas participam da mesma alimentação, da mesma dor, da mesma alegria. Enfim, têm um destino comum.

Para que essa união seja sólida, a família precisa ser unida pela mesma fé. Essa fé se consolida pela escuta da Palavra de Deus e pela oração em família. Essa fé será luz nas horas escuras e nos apontará soluções certas e seguras.

Somente com a fé, a família será compreendida num âmbito geral, dentro do plano de Deus, e dentro da história da humanidade.

Muitos lares celebram o amor e a fé por meio da oração em família.

No meio das tensões e inseguranças de uma sociedade conflitiva, existe uma força, um dom de Deus, que é a oração em família.

Muitas famílias rezam todos os dias em conjunto, especialmente no momento de dor ou de alegria, na hora da partida ou do regresso de alguém, na hora da morte ou na hora do nascimento. Rezam agradecendo a Deus tudo o que recebem. Essa oração da família tem seu ápice na Eucaristia de domingo, quando ela se reúne na santa missa.

Há famílias maravilhosas que vivem uma participação e comunhão. Os projetos e as decisões são resolvidos em comum acordo. Todos lutam para suprir as necessidades. Todos os seus membros estão unidos na hora da alegria e na hora da dor.

É lindo ver famílias em que os membros são evangelizadores e são evangelizados.

Os pais transmitem aos filhos a Palavra de Deus e tudo o que sabem da religião e os filhos também transmitem aos pais o que aprendem. É a família que se torna evangelizadora e é evangelizadora.

A família é a imagem de Deus

Deus é uma comunidade de amor. A família, sendo uma comunidade de amor, é imagem de Deus.

Os filhos que nascem queridos e amados são: testemunhas do amor do pai e da mãe; profetas da vida, eles estão a dizer que a vida foi possível neles; os filhos são filhos de Deus; pelo batismo tornam-se membros da Igreja de Jesus Cristo; são os artífices da história do povo de Deus e da história da Salvação.

A família, diante de tudo isso, passa a ser: a pequena Igreja doméstica; assim os documentos dos papas mais recentes a chamam. Como a Igreja, a família é: Fonte de Vida, Fonte de Amor, Fonte de Evangelização. Como a Igreja, a família passa a ser o Santuário de vida, onde se vive a vida cristã; onde se reza e onde se celebram as coisas de Deus; onde se anuncia a "Palavra de Deus"; onde o pai e a mãe são os primeiros catequistas dos filhos; onde os membros da família são santificados.

Sendo Igreja doméstica, é dentro dela que se faz a experiência de ter Deus como Pai e a experiência de ter Jesus Cristo como irmão.

Religião vive-se em comunidade

A mulher pratica a religião sozinha, ou às vezes é o marido que é piedoso e a mulher não.

Vivem como se a religião fosse algo descartável, individual e não comunitário. São casais que não se dão as mãos e não rezam juntos, em família.

Pedem, sim, o batismo para os filhos e muitas vezes estes filhos não fazem a Primeira Comunhão e não são crismados, e, se casam na Igreja, é apenas para fazer uma festa ou uma demonstração de pompa para os amigos.

Essas famílias de religião individualista deveriam pensar um pouco e mudar de opinião, pois o casamento é uma instituição de Deus. A religião é para viver em comunidade e não cada um para si e Deus para todos.

Há ainda famílias que vivem uma dicotomia entre fé e vida. São casais que acreditam, dizem ser católicos, mas não vivem sua religião. Ir a uma igreja é coisa rara, participar de um sacramento é uma vez em 5 anos.

Pobres casais que perdem seu tempo, estão mais preocupados com a vida da terra e não preparam o céu. É justamente neste tipo de família que há mais separação e sofrimento. A Campanha da Fraternidade está aí para mudar tudo isso.

Eu pediria a esses casais sem uma espiritualidade conjugal que começassem a fazer uma oração em família. A esposa e o marido dando as mãos e rezando juntos. E as mães rezando em casa com seus filhos.

É preciso mudar. Nós precisamos de Deus. Não vamos deixar para recorrer a Deus na hora do desespero ou na hora triste do sofrimento em família.

Os pais são mediadores da fé

A fé é um dom que precisa ser transmitido. E os pais são os mediadores da fé, devem preparar os filhos para o reencontro com Deus.

Os pais deverão ter três atitudes do coração:

— *A primeira atitude*: Abrir o coração.

Nada é mais horrível que ver uma pessoa fechada em si mesma. Ela fica centrada em si mesma e fica contemplando a própria imagem. Esta pessoa está preparando dentro de si uma depressão ou um desequilíbrio psíquico.

Cada pessoa tem de assumir a verdade que está gravada na própria natureza humana: O homem só atinge a plenitude de vida integrando-se numa comunidade de irmãos.

A pessoa humana precisa abrir-se a Deus e aos outros. Nós nunca conseguiremos amar a Deus, se nós não amarmos em primeiro lugar os irmãos.

Se as pessoas humanas não existem para nós, nunca podemos dizer que acreditamos em Deus. Isso é conseqüência do grande mandamento de Deus: "Amar a Deus sobre todas as coisas e o próximo como a nós mesmos". Temos de nos amar. Depois amar ao próximo. E no próximo amar a Deus.

A primeira atitude do coração é de abertura: Temos de nos abrir para Deus e para os nossos irmãos.

— *A segunda atitude* é chegar perante Deus e dizer de coração: "Tu és o meu Deus".

Muitos pais preocupam-se com a educação dos filhos. Mas muitos outros nem se preocupam se os filhos amam a Deus ou não.

Aqueles pais que realmente desejam o bem dos filhos querem que estes tenham Deus na vida. Mas muitos, em vez de Deus, querem que o filho ou a filha tenham poder, dinheiro e os bens deste mundo.

Muitos pais ainda dão testemunho de Deus diante dos filhos e dizem em sua presença: "Tu és o meu Deus".

Quando uma pessoa diz de coração: "Tu és o meu Deus", reconhece que a sua origem, a sua vida, não vem de si mesmo, mas vem do Eterno Criador, que é Deus; reconhece que Deus é a finalidade última, que merece todo o nosso amor; reconhece que deve viver segundo a vontade de Deus e não segundo os seus próprios critérios.

Reconhecemos ser pecadores perante Deus, temos as nossas falhas, mas queremos melhorar. Nós precisamos conhecer e seguir as bem-aventuranças, para sermos realmente felizes aqui na terra. E reconhecemos que não temos nenhuma dúvida de que Deus nos ama verdadeiramente.

— *A terceira atitude* é ter uma vida interior, procurando descobrir o invisível que está dentro de nós e se esconde em toda a natureza.

Dentro de nós existe um mundo interior que muitas vezes não é descoberto por muitas pessoas.

Quando Cristo veio ao mundo, ele não quis só morrer pelos nossos pecados, mas quis viver dentro de nós, dar para nós uma vida interior, a graça santificante.

Muitas vezes, nós refletimos só sobre a morte de Cristo na cruz: Um Deus morrendo pelas suas criaturas, e não refletimos sobre a beleza de um Deus dar para nós a sua própria vida.

Quem é batizado e vive sem o pecado grave vive com Deus e Deus vem no interior desta pessoa fazer a sua morada. Nós passamos a ser: morada do Altíssimo, tabernáculo de Deus na terra, sacrário vivo de Deus, templo do Espírito Santo. A pessoa, aonde vai, leva Deus consigo. A sua alma é lindíssima, encanto dos anjos e dos santos.

A beleza de Deus está dentro de nós. São Paulo chegava a dizer: "Não sou eu que vivo, é Cristo que vive em mim".

Feliz a pessoa que penetra o seu interior e vê a beleza de Deus. Esta pessoa quer viver sempre na graça santificante e deixa tudo o que é passageiro e ilusões deste mundo.

É claro que para essas pessoas que vivem com Deus os acontecimentos familiares têm uma conotação diferente. Em tudo estas pessoas percebem o dedo de Deus.

Pais assim chegam até a partilhar o silêncio de Deus com os filhos. Transmitem o sagrado da vida com muita facilidade para os filhos.

Esses pais nunca deixam de partilhar com os filhos "o encanto da vida interior" e a "beleza de Deus" estampada na própria vida.

Catequese e vida de oração na família

A transformação do mundo atual trouxe, sem dúvida nenhuma, uma confusão para dentro da família. Os filhos aprendem uma infinidade de crendices, uma moral leviana e falsos valores, o desrespeito aos pais e às coisas de Deus, uma vida mais corpórea, materialista, que interior, cristã.

Tudo isso prejudica a catequese dos filhos. Muitas crianças vão aprender a amar a Deus com os avós e não com os pais.

A catequese não consiste apenas em conhecer noções de religião ou conhecer aquilo que foi revelado por Jesus Cristo, mas consiste em conhecer e viver. A fé sem vida, sem obras, é morta.

A nossa vida tem de ser em união com Deus, sabendo quem ele é, o que ele nos ensinou e qual é a sua vontade. Sem essa vivência da fé, a catequese seria falha.

É dentro da família que nós vamos aprender a amar aos pais, aos irmãos e a Deus.

A pessoa sem uma vida religiosa vive só pela metade, tem

uma vida corpórea, materialista. Está preocupada só com as coisas deste mundo. Sua vida é semelhante à vida dos animais: dorme, come, trabalha, passeia e procria. Não tem a vida do Espírito, da alma. Não tem a vida interior, só exterior. Não tem a resposta da fé para as grandes perguntas da vida: Por que estou neste mundo? Para onde vou? Para que casar? Para que serve o sofrimento? Existe outra vida além dessa?

Percebemos, assim, que nós precisamos ter uma catequese bem-feita, para vivermos plenamente no corpo e na alma, no físico e no psíquico, na vida material e na vida espiritual.

Um documento da Campanha da Fraternidade levanta alguns problemas para a catequese:

— As crianças da classe média mais alta, além da escola que freqüentam, estão ocupadas com outras atividades: aulas particulares, aulas de línguas estrangeiras, aula de natação, estética, e final de semana estão na estrada, fora dos grandes centros.

Os pais deverão aprender que a aula mais importante para os filhos é a catequese. A pessoa que ignora a religião poderá ter mais tarde comportamentos errados, que a levarão ao sofrimento. Vida sem Deus é vida vazia, sem sentido de viver.

— Outro problema que a catequese encontra é que crianças pobres começam a trabalhar muito cedo para ajudar os pais em casa. Como vão ficar em sua vida com Deus, e como vai ficar sua formação religiosa?

— Há ainda um outro problema; muitas crianças chegam à catequese traumatizadas: a guerra em casa traumatiza a criança; a ameaça da separação dos pais traz a insegurança; a incerteza do futuro, a perda do pai ou da mãe traz para os filhos o pavor, o medo e o sentimento de rejeição; o pai que chega bêbado em casa, as brigas contínuas traumatizam tanto os filhos, que mais tarde passam a ser neuróticos fóbicos.

Nós sabemos que essas crianças traumatizadas encontrarão dificuldade de concentração, de memorização e vão ter dificuldade de aprendizagem. Não que sejam menos inteligentes, mas não têm condição psicológica de usar de sua inteligência com calma, sem angústia e sem pressão. São crianças muitas vezes tristes, não sentem interesse em viver ou estudar. São crianças nervosas, irritadas, sem controlar suas emoções. Muitas vezes são revoltadas, marcadas por acontecimentos fortes e traumatizantes.

Deus é uma necessidade

É claro que essas crianças precisam de Deus. Precisam de uma religião consciente, senão mais tarde estarão sozinhas com suas angústias e solidões.

Existe ainda um tipo de família que respira um clima secularista. Cada um para si, Deus para todos.

O pai e a mãe resolvem tudo. Os filhos só têm de obedecer ou fazer o que quiser. Os problemas são resolvidos à tapa e aos gritos. Fala-se de tudo, menos de Deus e de religião. A crítica contra as coisas sagradas é constante.

Os filhos nunca viram os pais em posição de oração, mas sempre apressados, preocupados com as coisas deste mundo. E vão crescendo sem Deus, sem uma vida interior e sem uma formação cristã. Mais tarde tornam-se aquelas pessoas que vivem só a aparência externa, fazem tudo para ter e não para ser, e vivem uma vida fútil, sem sentido.

Essas pessoas, quando chegam à velhice, estão só reclamando, resmungando e entram numa neurose horrível, porque nunca trabalharam para corrigir os seus defeitos de caráter e nunca procuraram a santificação por uma vida interior. Geralmente, tornam-se peso para a família, tornam-se insuportáveis e continuam a cultivar seus defeitos até a morte. Diferente daquela vovó calma e tranqüila, que fala de Deus para os netos e reza com eles. Diferente daquele senhor de idade que tem amizade com todos e encontra no Sacrário o grande amigo de sua vida inteira: Jesus Sacramentado.

Nós também encontramos a família que é uma verdadeira Igreja doméstica. A família se reúne para rezar, para ler uma passagem do Evangelho. Os problemas familiares são tratados com toda a calma e tranqüilidade. Os pais ouvem os filhos e os filhos ouvem os pais. Os filhos vêem seus pais na mesa eucarística e de mãos dadas rezando juntos.

A primeira comunhão de um filho ou de uma filha é uma festa. O casamento é o encontro da família com Deus. O domingo é o dia do Senhor, é um dia de alegria e de encontro com Deus.

A oração em família

A oração em família não é um simples conselho. É uma necessidade para que a família sinta-se família, para que seja uma comunidade amada de Deus. Para um levar o amor (Deus) ao outro e juntos fazer a experiência de Deus, que é Pai. Para ouvirmos, em família, a Palavra de Deus e discernir qual é a vontade de Deus.

Para lembrar que pais e filhos precisam de Deus, pois somos pecadores; e saber que caminhamos lado a lado num caminho de conversão.

Também para descobrir o método pedagógico apropriado à educação dos filhos.

A oração em família é uma necessidade para conhecermos melhor os filhos e respeitarmos a sua intimidade, preparar-nos para enfrentar a luta de cada dia.

Para nós termos coragem de mudar a nossa vida naquilo que é necessário mudar. Para nós estarmos atentos à inspiração do Divino Espírito Santo e termos força para vencer todas as tentações.

Para o encontro dos pais com os filhos e dos filhos com os

pais, na presença de Deus, e a união de todos os membros da família na hora alegre e no momento de dificuldade.

A família a serviço do povo de Deus

Cada casal é chamado por Deus para "viver uma só carne". O casal vai ter uma missão profunda de vida, um tendo um respeito muito grande pelo outro, vivendo numa ajuda mútua, de doação de vida, fazendo tudo para o outro ser feliz.

A missão do casal não se esgota aqui. O casal entra para a história de um povo. Passa a ser a célula principal da sociedade e os continuadores da raça humana sobre a terra.

Mais ainda, o casal, que é a continuação de um povo e os continuadores da raça humana, entra também dentro da Aliança de Deus, para ser os continuadores do povo de Deus, que quer viver na justiça e no amor, na fraternidade e na ajuda mútua, na solidariedade e na partilha.

O casal diante do altar recebe uma aliança, que é o símbolo da Aliança que Deus fez com o seu povo. O povo de Deus continua através dos séculos e está continuando neste casal, que vive uma "aliança" com Deus.

Deus, que é Pai e fez uma aliança com seu povo, quer que este povo seja feliz. Para isso, Deus traça um caminho de felicidade, que é o caminho certo. Deus dá os seus mandamentos. Estes mandamentos não são uma imposição, mas, ao contrário, são caminhos de felicidade. Nós sabemos que a pessoa que tomar caminhos errados na vida com o tempo vai sofrer e encontrar a desilusão. Deus quer a felicidade de todos, por isso nos mostra, com seus mandamentos, caminhos de felicidade.

O matrimônio é uma aliança de duas pessoas entre si: o homem e a mulher, mas é também uma aliança com Deus e com o povo de Deus. A palavra hebraica "b'sit" significa aliança e ao mesmo tempo matrimônio.

O casal vai viver sua vida cristã, vai educar seus filhos para Deus e continuar na marcha de um povo que caminha para Deus.

Hoje, o casal quer ser feliz e faz tudo para sua própria realização. Mas nós sabemos que ninguém pode ser feliz sozinho. Se alguém se fechar em sua própria felicidade, esta ficará limitada e com o tempo desaparecerá.

Quanto mais nós repartirmos a felicidade, mais ela aumenta. Assim acontece também com os casais. O casal tem de repartir felicidade com os filhos, com seus familiares e com o povo de Deus. Quantos casais felizes ajudam nos cursos de noivo e nos movimentos familiares. São casais felizes, que repartem felicidade.

Nós vemos através da Bíblia que Deus chamou para atuar no mundo e dentro do povo de Deus homens e mulheres escolhidos.

No Antigo Testamento nós vemos Moisés, Abraão, Isaac, Jacó, Davi e muitos outros homens. Em o Novo Testamento e no Antigo vemos também muitas mulheres vocacionadas: Sara, Lia, Raquel, Ester, Judite e Maria de Nazaré.

No Antigo Testamento, o povo hebreu caminhou pelo deserto durante 40 anos. Aquele povo foi purificado, aprendeu a prática das virtudes e pôde unido entrar na Pátria prometida. O povo judeu celebrava a Páscoa todos os anos em família e comia do Maná, pão que vinha do céu. Aquele povo eleito aprendeu a solidariedade, a partilha e a convivência com Deus.

É na vida familiar que o homem e a mulher vão viver a solidariedade, a partilha dos bens; vão aprender a conviver com Deus, por meio da Eucaristia, pão descido do céu; e a comemorar a Páscoa, um Deus ressuscitado, que vive em nosso meio.

5. O exemplo de todas as famílias

Existe uma família que é exemplo para todas as famílias.

Essa família tem um filho único. A moça fica grávida antes do casamento. O noivo aceita o filho, que não é dele, e se casa com ela. Essa família foi perseguida e teve de fugir. O filho, depois que cresceu, foi preso e condenado à morte. A mãe assiste ao assassínio do filho. Essa família, exemplo para todas as outras, é a *família de Nazaré.*

Dentro dessa família, nós encontramos um jovem bom, chamado na Bíblia de justo, que quer dizer: Santo: São José. Pai extraordinário, que faz tudo pelo filho adotivo; homem trabalhador, profissional competente e sério. Ele é um carpinteiro. Homem que sabe dialogar, sempre que for necessário. Aberto à inspiração de Deus. Homem forte e de oração.

Na família de Nazaré, nós encontramos uma mulher, uma esposa admirável: Maria, a mulher mais santa que passou pelo mundo. Maria de Nazaré. Uma mulher simples e humilde do meio do povo. Mulher que sabe orar, cheia do Espírito Santo, e que faz da oração a sua força. Está sempre na presença de Deus. Ela medita em seu coração as coisas de Deus, e quer fazer sempre a vontade de Deus. Mulher forte, foge para o estrangeiro sem ficar lamentando-se. Mulher que sabe dialogar com Deus e com as criaturas humanas. Vive para o marido e para o Filho querido. Mulher humilde dentro e fora do lar, sem manias de grandezas.

José é o exemplo para todos os pais e Maria exemplo para todas as mães. José teve de mudar sua vida e todo o seu plano de existência, para ser esposo de Maria. Maria teve de mudar sua vida, para ser a Mãe do Filho de Deus.

Nesse lar não há briga, não se levanta a voz, tudo é combinado, e tem como o centro da família DEUS, o Menino que veio do céu.

Esse casal passa pelas crises conjugais. Pelas dificuldades em saber se comunicar, pelos imprevistos econômicos e ocasionais, pelo sofrimento que aparece.

Maria disse: "Eis aqui a escrava do Senhor. Faça de mim o que o senhor quiser". Que disposição! Que força de vontade! Que humildade profunda! Que entrega nas mãos de Deus! Maria é uma força para quem quer assumir o casamento para valer.

O segredo de toda a felicidade desse lar é *Deus* e *com Deus*: *A oração em família.*

É na vontade de Deus que nós encontraremos a nossa autorealização como pessoa e indivíduo. É na vontade de Deus que nós encontraremos a nossa felicidade completa.

A natureza inteira segue a lei estabelecida pelo Criador do universo. Quem é o homem para ir contra a lei de Deus? Cada vez que o homem sai da vontade de Deus, ele sai do caminho certo e procura o caminho da desilusão e do sofrimento.

Por isso, cada família precisa orar e se reunir, para saber qual é a vontade de Deus e qual é o caminho da felicidade. Daí a grande necessidade de mudança. A família que estiver no caminho errado precisa mudar. Deus quer a paz, a felicidade, a concórdia e o respeito mútuo dentro de cada família.

Outra atitude que a família precisa ter é: *Não pôr obstáculo à ação do Espírito Santo*. São Paulo, escrevendo aos primeiros cristãos, diz: "Não sabeis que sois templo do Espírito Santo e que o Espírito Santo habita em vós? Por isso, não deveis pôr obstáculo à ação do Espírito Santo em vossos corações".

O Espírito Santo atua em nós, nos dá o ânimo de bem viver, nos mostra o plano de Deus, nos mostra a visão de Deus em todas as nossas realidades, nos dá força na hora necessária, nos inspira a praticar o bem.

É na união do nosso coração com Deus, que ele vai nos mudando pouco a pouco no decorrer de nossa vida.

Devemos deixar Deus agir em nós, mesmo nas horas do sofrimento. Devemos deixar o Espírito Santo dirigir a nossa vida. Ele nos conduzirá à perfeição, à santidade.

Maria, entrando na família de Zacarias e de sua prima Isabel, cantou o seu *Magnificat*.

A vida de cada casal deve ser também um *magnificat* cantado perante Deus: fidelidade até o heroísmo; generosidade sem limites com os filhos; casa acolhedora aberta à família e aos amigos; fecundidade de um amor partilhado; reconciliação e perdão na hora do conflito; paz interior no sofrimento e na derrota; serenidade em todos os momentos; humildade e compreensão de tudo que vem de Deus. E acima de tudo muito amor, cultivado e aperfeiçoado todos os dias.

II

A família como formadora da personalidade

1. A família é a mais rica escola de humanismo

O Concílio Ecumênico Vaticano II, em seu documento *Gaudium et Spes*, diz: "A família é a mais rica escola de humanismo".

Realmente, é na família unida pelo amor, que vive na convivência harmoniosa do dia-a-dia, que se forma a personalidade da criança, do adolescente e do jovem. É na família que se preparam o homem e a mulher, para com equilíbrio e harmonia integrarem a sociedade e exercerem a sua vocação em benefício dos outros.

Esta é a grande vocação e a grande contribuição da família: fornecer não indivíduos fechados, desajustados e conflitivos, mas pessoas abertas e equilibradas e bem preparadas para o convívio social.

A família tem tudo para bem formar: amor, respeito mútuo, laços de sangue, carinho e os afetos de um pai e de uma mãe, a intimidade, a ajuda e o apoio moral. A família é realmente uma escola de humanismo.

Na família se aprende a servir

Cada pessoa é colocada neste mundo não para ser servida, mas para servir. "Quem não presta para servir, não presta para viver."

É servindo que nós plantamos e depois colhemos. É servindo que saímos de nós mesmos e crescemos como pessoa. É servindo que doamos a vida e fazemos outras pessoas felizes. É dando que se recebe. É plantando que se colhe.

Dentro da família, os pais estão a serviço dos filhos e os filhos aprendem a servir os seus irmãos. Servindo, doando a vida, aprendemos que é servindo que somos servidos.

A família é a escola do amor

Dentro da família existe a pequena sociedade: crianças, jovens, adultos, idosos. Todos se amam como irmãos e irmãs, pais e mães.

Todos integram a grande sociedade e passam a ser agentes do progresso, do bem-estar e a continuação da vida sobre o planeta.

Os filhos, olhando para os pais, aprendem a amar. Os filhos olham para os pais e aprendem a dialogar.

A criança aprende muito mais pelos olhos que pelos ouvidos, por isso se não aprender a amar em casa, dificilmente vai aprender a amar na rua ou em outro lugar. E "quem não sabe amar não presta para casar".

2. Os pais, primeiros formadores dos filhos

A educação e a formação da criança são muito importantes. A criança precisa conhecer os valores da vida. Não pode ser enganada por falsos valores. Precisa conhecer o que é certo e o que é errado, saber como viver a vida, como comportar-se diante dos pais, diante de uma pessoa ou da sociedade.

Com o trabalho da mulher fora de casa, muitos filhos são educados somente pelas instituições educativas da sociedade. Mas os pais não podem nunca esquecer que eles são os primeiros formadores dos filhos, os primeiros catequistas. Nenhuma escola substitui o papel dos pais na educação de seus filhos.

A importância do exemplo na educação dos filhos

A palavra pode comover, mas o exemplo arrasta.

Na educação dos filhos, é muito importante o exemplo. Os pais têm de dar bons exemplos para os filhos.

É bom lembrar que a criança aprende muito mais pelos olhos (audiovisual) do que pelos ouvidos. De nada adianta os pais falarem, falarem... se não derem o bom exemplo.

Que atitudes os pais devem ter ao educar os filhos?

Respeitar a criança é aceitá-la como ela é, menino ou menina. Aceitá-la mesmo que não a tivesse desejado ou que as previsões não tenham dado certo. Aceitá-la com seus defeitos físicos e seus limites.

Não devemos mostrar decepção se a criança não corresponder "àquilo que esperávamos dela".

Respeitar a criança é deixá-la ser aquilo que ela pode ser, fazer crescer suas possibilidades reais. Trabalhar no que ela tem de melhor em si, encorajar, exortar a criança, mas sempre sem violência, sem atribuir-lhe nenhuma culpa.

Respeitar o filho é respeitar sua própria natureza, nunca antecipar sua evolução normal, nem queimar etapas do seu desenvolvimento. É deixar a criança viver sua infância, sua puberdade, sua adolescência e mocidade. Deixar a criança viver todas as etapas de sua existência.

É respeitar sua intimidade como algo de sagrado. Nunca submeter o filho ou a filha ao ridículo. Nunca fazer comparações com outros filhos ou com outras crianças. Nunca humilhá-lo em público.

A criança merece todo o respeito e nunca pode ser violentada fisicamente, nem sexualmente.

Cristo traz uma palavra forte quando defende a criança e exige de todos os adultos o maior respeito por ela.

Cristo diz: "Se alguém escandalizar (levar o pecado a) um desses pequeninos que crêem em mim, seria melhor para esta pessoa, se pendurasse no pescoço uma pedra de moinho e se atirasse ao fundo do mar".

As crianças aprendem o que vivem

Se a criança vive com críticas, ela aprende a condenar.

Se a criança vive com hostilidade, ela aprende a agredir.

Se a criança vive com zombarias, ela aprende a ser tímida.

Se a criança vive com humilhação, ela aprende a se sentir culpada.

Se a criança vive com tolerância, ela aprende a ser paciente.

Se a criança vive com incentivo, ela aprende a ser confiante.

Se a criança vive com elogios, ela aprende a apreciar.

Se a criança vive com retidão, ela aprende a ser justa.

Se a criança vive com segurança, ela aprende a ter fé.

Se a criança vive com aprovação, ela aprende a gostar de si mesma.

Se a criança vive com aceitação e amizade, ela aprende a encontrar o amor no mundo.

3. A maternidade e a paternidade

A maternidade e a paternidade correspondem a uma grande força criadora, um grande dom de Deus. O homem é pai e a mulher é mãe já no início da concepção. Os dois são pais desde o momento da fecundação do óvulo feminino pelo espermatozóide masculino.

O pai e a mãe são um grande instrumento de Deus para gerar a vida, a criança, obra-prima da criação. O pai e a mãe devem sentir-se alegres e transmitir esta alegria ao feto. Devem sentir-se seguros e transmitir segurança ao novo ser.

A mãe deve renunciar a tudo para ser mãe e deixar de lado todo o medo. A gravidez não é uma doença, por isso não se justificam atitudes doentias.

"Toda paternidade vem de Deus."

"Mãe é um sorriso de Deus na terra."

A aceitação

O pai e a mãe deverão estar preparados para tão sublime missão: ser pai e ser mãe. Os dois, desde o momento em que souberem da gravidez, devem agir como pai e como mãe e aceitar a criança como um presente de Deus. A gravidez deve ser aceita como prêmio, como auto-realização e nunca como um incômodo. Vai depender dessa aceitação dos pais, o futuro psicológico da criança.

A mãe poderá mentalizar: "Recebi um presente de Deus... Dentro de mim existe uma pessoa humana que sente, que percebe as coisas, sente a alegria e sente a dor. Que seja um ser perfeito, homem ou mulher, não importa". A conversa com a criança no útero deve ser freqüente e até o dia do nascimento.

A responsabilidade dos pais

Os pais são os únicos responsáveis pelo nascimento da criança que vão colocar no mundo, para viver feliz ou sofrer a vida toda. Os pais traçam o destino dos filhos e o perfil de sua personalidade. Os pais podem pôr no mundo crianças neuróticas, angustiadas, asmáticas, revoltadas, traumatizadas, inseguras, psiquicamente doentes, dementes e delinqüentes.

Casais que estão brigando não podem ter filhos, enquanto perdurar a briga. Se os pais soubessem quanto suas brigas prejudicam os filhos, nunca mais iriam brigar na vida. Filhos nascidos depois de uma gestação tumultuada são crianças com impulso para a irritabilidade e a agressividade. Criança gerada no amor nunca será agressiva, nem revoltada.

O feto ouve, vê com a mente, sente tudo o que se passa no exterior. Sabe se é recebido com amor ou não. Sabe se o pai ou a mãe querem um menino ou uma menina. Os pais devem tomar todo o cuidado com o que dizem ou pensam. A responsabilidade é muito grande.

Paternidade responsável

Gerar filhos e colocá-los no mundo não pode ser uma brincadeira, nem um ato impensado de jovens imaturos. Precisa ser um ato planejado, com uma paternidade responsável.

Para isso os filhos precisam ser fruto do amor e não fruto de um pecado. Eles precisam ser aceitos como presentes de Deus e não como um peso e algo rejeitado dentro do útero materno.

O número de filhos deve ser planejado e não fruto do acaso. Os pais deverão ter condições de educar e criar os filhos, dar-lhes uma formação escolar, para que não sejam ignorantes e incapacitados de ter um emprego digno. Dar-lhes uma educação cristã, para que tenham uma vida honesta e útil à sociedade.

Para os pais conseguirem tudo isso para os seus filhos, o casal deve viver na unidade e no amor. Construir uma felicidade que será repartida com os filhos. Viver na fidelidade mútua e no respeito mútuo. O lar precisa ser uma escola de perfeição, onde existe Deus e respeito às suas leis.

A maturidade dos pais e da criança

Se o pai dá toda a segurança para seus filhos, logicamente eles crescerão seguros, responsáveis, confiantes, sabendo que são amados e queridos e que poderão contar com o pai em todas as circunstâncias da vida. Se a mãe é madura, convicta e segura em seus atos, vai ajudar esse filho ou essa filha em sua vida futura.

Entre as necessidades básicas de uma pessoa, não estão somente a comida, a água, o ar, o calor, mas também a segurança. Essa segurança para a vida a criança tem de encontrar no pai e na mãe.

O contrário também é verdadeiro:

— Um pai imaturo, egoísta, irresponsável, durão, violento prejudica muito o crescimento psicológico de uma criança.

— Um pai egoísta, que só pensa em si mesmo, fechado, não conversa, não sai de si mesmo, sempre exige o que ele quer, todos têm de se comportar conforme os seus desejos... É lógico que os filhos vão crescer despersonalizados, pois nunca poderão ter um desejo e nem mesmo manifestar seu gosto e suas aspirações.

— Um pai imaturo, irresponsável, só dá exemplo de imaturidade e irresponsabilidade: a criança aprende muito mais pelos olhos, do que pelos ouvidos, a criança segue o que ela vê.

— Um pai durão ou uma mãe durona, o que muitos pensam ser uma qualidade, poderá ser um grande defeito diante dos filhos. A virtude está no meio: nem mole demais, nem durão demais. O equilíbrio da balança está no centro.

Quando um filho ou uma filha têm medo do pai ou da mãe, este medo já é um defeito. Uma criança com medo do pai ou da mãe, quando vai fazer algo, não o faz espontaneamente mas sempre olhando para os pais, com uma pergunta silenciosa: Posso fazer ou não posso fazer?

Esse medo paterno ou materno cria na criança uma insegurança e uma desconfiança de seus próprios atos. Cria também uma incerteza: O ato está certo ou errado?

Quando o pai só manda e dá a última sentença, a criança não cria sua personalidade, fica insegura e ao mesmo tempo aprende a ser durona também como o pai ou a mãe são. Esta criança, mais tarde, poderá ser o espelho do pai: pessoa dura, mas sem personalidade e insegura.

Assim se formam os Stalins e os Hitlers da vida.

O que são os filhos?

Os filhos são ou têm de ser:

— Reflexo vivo do amor.

— Sinal permanente da unidade do casal.

— Síntese da vida.

— Síntese indissociável do pai e da mãe, isto é: a metade do pai e da mãe.

— Profetas de um mundo que se renova continuamente.

— Obra criadora de Deus.

— Um ser que recebeu a vida de Deus.

— Um presente que Deus dá aos pais.

4. A formação da personalidade

Importância do eu

Todos temos dentro de nós aquilo que nos faz ser nós mesmos, o EU. Esse *eu* é de grande importância para a pessoa humana, pois do equilíbrio desse *eu* vão depender: a personalidade de uma pessoa, seu equilíbrio emocional e afetivo, sua maturidade na vida.

Esse *eu* é a expressão do instinto de conservação. O sexo é a expressão do instinto de reprodução. Na hora do perigo, da doença grave, o instinto sexual desaparece e surge fortemente o instinto de conservação, o EU.

Desenvolvimento e equilíbrio do eu

Para o crescimento de uma pessoa deveria haver este progresso: O bebê (egocêntrico) deveria sair do seu *eu*, ir adquirindo com o tempo uma maturidade psicológica, uma auto-estima equilibrada (humildade), ser ele mesmo, chegando à responsabilidade e tendo a liberdade no seu verdadeiro sentido (escolher o bem, independente de outras pessoas).

Como conseqüência disso, nós teríamos uma pessoa psiquicamente equilibrada com o uso total de sua personalidade, sem neuroses.

Personalidade vem da palavra latina *persona*, que designava o personagem do teatro grego, o qual usava uma máscara cuja voz soava por trás da máscara: *per — sona*: soar através de. Daí vem a palavra pessoa, que deveria ter uma personalidade (ser ela).

Personalidade: uma função psicológica pela qual um indivíduo se considera como um EU, uno e permanente (definição de Lalande).

Sabemos que a educação de uma criança não é fácil e a formação de uma personalidade é difícil e passa por muitos caminhos difíceis e tortuosos.

Esse *eu* que existe dentro de nós é chamado por muitos psicólogos por vários modos:

— Princípio Vital - Lersch.
— Elã Vital - Bergson.
— Tendência à atualização - Rogers.
— Tendência à individualização - Jung.

Aprender a amar

A criança quando nasce não sabe amar. Ao receber amor, carinho, proteção e sustento, ela começa a aprender a amar. O nenê aprende a amar com seus pais. Dentro do lar deve existir muito amor. Se a criança não aprendeu a amar no início da vida com seus pais, dificilmente vai aprender mais tarde e com outras pessoas.

Aprender a sair de si

A criança precisa espontaneamente sair de si mesma, à medida que vai crescendo. Sai do seu isolamento e começa a se comunicar com o mundo exterior: é a criança que sorri, que brinca, que balbucia alguns sons, como meio de comunicação.

A educação de uma criança consiste em fazê-la sair de si mesma, do seu egocentrismo, e chegar a um altruísmo: comunicar-se e amar as pessoas que estão a sua volta.

Quando o ser humano se isola, quando uma criança não se comunica, se fecha, ela não cresce psiquicamente e poderá ter mais tarde uma imaturidade psicológica.

O adulto, quando vive isolado no seu egoísmo (tudo tem de ser conforme ele quer) ou fechado em seu egocentrismo (ele é o centro, todos têm de girar em torno dele), não cresceu, não teve a capacidade de sair do seu próprio eu. É um criançola egoísta, que não chegou ainda ao altruísmo.

Há muitos adultos imaturos, batendo o pé, ficando emburrado, porque os outros não fazem a sua vontade. Pobre nenê grande, que sofre e faz os outros sofrerem!

Aprender a brincar

A comunicação é um elemento fundamental para o amadurecimento de uma criança. A comunicação manifesta-se não só no sorriso, no olhar, mas, de um modo especial, brincando.

A criança tem necessidade de brincar. É brincando que ela está aprendendo o que é o espaço, a distância, a altura e a largura das coisas, a cor, o tamanho, o que é duro e o que é macio. A criança tem uma mente que funciona, que percebe, e se relaciona com as coisas e com as pessoas.

Uma criança que brinca, corre, fala, sorri, está aprendendo a viver. A criança fechada, que não conversa com ninguém, tem medo de tudo e de todos, é uma criança com problema. Seu fechamento poderá retardar seu crescimento psicológico e poderá prejudicar sua vida futura. Os pais precisam estar atentos a esse fechamento, para ver se essa criança não tem um problema interno que mais tarde poderá explodir.

Essas crianças, muitas vezes, se apresentam como boazinhas, bem comportadas, não dão trabalho, deixam os pais contentes. Mas são crianças fechadas, que não se comunicam e poderão estar com algum problema de relacionamento. A criança precisa brincar, correr e ser alegre.

Idade cronológica e idade psicológica

Um dos grandes defeitos que uma pessoa adulta poderá carregar durante toda a sua vida é a insegurança, próprio das pessoas imaturas.

Essa insegurança já começa na infância, quando a criança não cresce psicologicamente, mas somente em idade. Isso acontece quando ela é fechada; talvez, por causa de uma rejeição intra-uterina materna ou paterna ou porque a criança criou uma barreira com o pai ou com a mãe. Essa criança se fechou, ainda, por um complexo de inferioridade ou porque não se ama, não se aceita ou tem raiva e ódio de si mesma.

O grande perigo de uma criança fechada é o seguinte: a idade cronológica continua a crescer e a idade psicológica permanece parada. A criança cresce em idade, mas não cresce em personalidade. Mais tarde, essa pessoa poderá sofrer estas conseqüências:

1. Neurose fóbica

O medo infantil continua nessa pessoa e vai aumentando no decorrer da vida. Esse medo poderá transformar-se em uma contínua ameaça, fazendo a pessoa sentir sensações desagradáveis. Esta pessoa poderá chegar a uma neurose fóbica e até à Síndrome do Pânico.

2. A insegurança

A pessoa insegura não resolve os seus problemas. Esses problemas vão-se acumulando, sem nunca chegar a ser resolvidos. Ela poderá fazer de sua vida uma verdadeira gangorra: Vou, não vou... Vou sim, não vou não... Essa insegurança provoca um cansaço mental e poderá levar a pessoa a um estresse.

3. Sentimento de inferioridade

É muito comum a pessoa imatura julgar-se a última de todas. Não se valoriza, não tem ânimo para nada... Está sempre insegura. Exige dos outros sempre uma prova. Precisa provar que a ama... precisa provar que está dizendo a verdade, pois ela sempre vive em dúvida. O complexo de inferioridade leva a pessoa a se julgar vítima da vida e vítima de todos.

4. Complexo de culpa

A pessoa imatura não tem confiança em si mesma nem nas outras. Fica sempre se culpando. Vive mais o passado do que o presente e nunca se perdoa. É a pessoa que está sempre fazendo um processo contra si mesma e condena-se como se fosse um juiz em causa própria. O sentimento de culpa poderá levá-la a uma profunda depressão.

5. Comportamento imaturo

A pessoa imatura é infantil e tem muitos comportamentos de criança, impróprios para a sua idade. Essa pessoa poderá cometer muitos erros incontroláveis em sua vida. Poderá mesmo ter um mecanismo de defesa, fazer certas coisas para dizer e provar que não é imatura e não se comporta como criança. Poderá cair até no extremo oposto, só para provar o contrário.

Muitos homens paranóicos, arrogantes, tiranos, que impunham medo e eram temidos, no final da vida morreram de medo. Stalin, que foi um homem forte, morreu com medo de Beria. Adolf Hitler suicidou-se com medo de enfrentar os tribunais.

Fica aqui uma orientação: deixe seu filho ou sua filha conversar com todas as pessoas. Deixe os filhos brincar bastante com outras crianças. Eles estão aprendendo a viver e a conviver pacificamente.

Personalidade formada	**Imaturidade psicológica**
diálogo	*Egoísmo*
abertura	*medo*
confiança	*suspeita*
espontaneidade	*antipatia*
amor	*desconfiança*
carinho	*ciúmes*

5. Afetividade

A integração do afeto e do sexo na vida total de uma pessoa é condição necessária para estabelecer uma sólida relação com o outro e com Deus.

Para haver essa integração é necessário tudo aquilo que já foi exposto sobre a criança que vai crescendo amada e querida, com auto-estima, em maturidade, em liberdade, humilde e com equilíbrio emocional. São necessários estes pontos:

1. A criança deve receber desde sua concepção e nascimento afeto humano de seus pais e de seu ambiente familiar.

2. Desde o útero materno ela deve sentir-se esperada com ansiedade por uma mãe humana e pelo seu pai.

3. Para criar na criança o equilíbrio afetivo deve haver entre os pais muito amor. O desamor dos pais é morte para a alma dos filhos. Por exemplo: Uma menina chegou no colégio triste, colocou a cabecinha entre as mãos. Ninguém conseguia fazê-la feliz. De repente, levantou-se assustada e foi telefonar para a casa dela. Discou e falou soluçando com a mãe: "Mamãe, mamãe, o papai não matou a senhora?". Criança marcada por uma amargura profunda, temor, insegurança, horror, vai ter necessariamente uma carência afetiva.

4. A criança deve sentir-se amada e não um peso para os pais ou um incômodo. Exemplo: Muitas crianças logo são mandadas para a escolinha, não para o seu bem, mas para os pais ficarem livres de suas traquinagens ("Quando você está na escola é um sossego aqui em casa"). Não fique admirado se um dia seu filho ou sua filha não quiser ir mais para a escola.

5. A criança tem muita necessidade de carinho. Ao nascer ela deve ser colocada algum tempo em cima da mãe para sentir o seu calor, o seu afeto e o seu cheiro, e assim sentir-se segura e amada. A mãe deve amamentá-la; não só o leite é importante, mas também o contato da criança com o corpo da mãe. O pai também deve pegá-la muitas vezes.

6. É muito importante a criança receber carinho de acordo com o sexo. O pai tem de dar muito carinho para a filha menina, especialmente quando ela é menina moça. Sentar perto dela, colocar a mão em seus ombros, interessar-se pelos seus cadernos, sair de mãos dadas com ela.

Carência afetiva

As necessidades básicas para a vida corpórea de uma pessoa são: água, calor, ar, comida. E para a vida psíquica são: amor e carinho. Se faltar amor e carinho durante a vida de uma pessoa, ela torna-se carente afetivamente.

Existe uma integração entre afeto, amor e sexo.

O carente afetivo poderá ter muitos problemas psíquicos em sua vida e poderá mesmo ficar psiquicamente doente.

Faltar amor e carinho a alguém é o mesmo que faltar: água, calor, ar e comida a uma pessoa, que poderá ficar doente corporeamente.

Para uma pessoa não ser carente afetiva precisa, como já foi exposto, receber afeto e amor desde o momento da concepção. A criança dentro do útero materno deve sentir-se amada e esperada; o desamor dos pais é morte para a alma da criança.

A criança precisa sentir-se amada e não um peso para a mãe. Quando recém-nascida tem necessidade de sentir o carinho: ao nascer ela deve ser colocada em cima da mãe; o pai deve pegar a criança ou tocá-la; ela precisa ser amamentada.

Durante o tempo de latência, a criança precisa receber carinho de acordo com o sexo. Se ela não recebe logo carinho, há o perigo de se fechar, não querer mais carinho do pai ou da mãe. O menino vai precisar mais carinho de sua mãe e a menina mais carinho de seu pai. Se faltar esse carinho de acordo com o sexo, a pessoa poderá tornar-se um carente afetivo.

Pode ser criada uma barreira entre a criança e os pais, cujas causas são: rejeição intra-uterina; neurose dos pais; alcoolismo do pai ou da mãe; infidelidade conjugal; separação dos pais.

A pessoa humana durante toda a sua vida precisa receber amor e carinho, se não receber poderá tornar-se um carente afetivo.

(*Amor e carinho não são sexo. Sexo é uma coisa e amor e carinho é outra. A pessoa que não tiver sexo durante toda sua vida não ficará psiquicamente doente.*)

Conseqüências da carência afetiva

— O carente afetivo sente uma fome de amar e ser amado. Não sendo orientado, procura sexo como solução. Mas não resolve o seu problema.

— Imoralidade infantil e juvenil. Homem com homem, mulher com mulher.

— Namoros desenfreados e anormais. A menina nunca teve um carinho do pai e procura carinho em toda a parte.

— Relação sexual antes do casamento, com a perda da juventude e gerando filhos problemáticos.

— Prostituição feminina e masculina.

— O sexo para o carente afetivo passa a ser algo frívolo e irresponsável.

— Insatisfação sexual dentro do casamento, com a infidelidade dele ou dela.

— Sexo egoísta, prazer só para si. E como conseqüência do sexo egoísta: a masturbação.

Conseqüências da carência afetiva na criança

1. Desordem na motricidade da criança

A criança carente afetiva manifesta uma *hiperatividade*: grande familiaridade com objetos inanimados e habilidade para manejá-los. Enquanto se comunica com o objeto, interessa-se pouco pelo contato humano. Torna-se hostil, quando alguém se aproxima dela.

2. Fuga para o brinquedo

A criança carente afetiva poderá ser bem comportada; brinca com jogos de montar, não dá trabalho, fica sempre em silêncio. Mas a carência afetiva traz para ela uma tristeza muito grande, depressão forte, que poderá levá-la à morte.

3. A vingança e a violência

A carência afetiva traz para muitas crianças um impulso para a vingança, que depois provoca um conflito interno, a infelicidade e atitudes sociais negativas.

4. Timidez e insegurança

A criança carente afetiva poderá ser o adulto de amanhã sem fé em si mesmo e nas pessoas, tímido e inseguro. Tem a sensação de estar sempre ameaçado, não coopera com nada, não tem amigos. É hostil e parte para destruir a ordem social de que é vítima. Torna-se cheio de ódio e chega à violência.

Como solucionar o problema da carência afetiva

— Saber que é carente, conhecer as conseqüências disso e aceitar a realidade.

— Superar tudo aquilo que o fez carente: rejeição intrauterina; isolamento do pai ou da mãe; a barreira criada.

— Saber que é carente de carinho e de amor e não de sexo.

— Colocar o sexo no seu devido lugar. Sexo é algo que

Deus colocou no mundo, algo santo; não é só genital, mas toda a pessoa inteira e sexualizada. Não ter vergonha de ser sexualizado. Não ter o sexo egoísta: só o gozo pessoal e não do outro; quanto mais sexo melhor; sexo irresponsável e desenfreado.

— Ter sua personalidade e sair o máximo de si.

— Não perder sua liberdade e ser dominado pelos instintos sexuais.

As causas das neuroses

1. Predisposição

Existe em alguns indivíduos uma predisposição para a neurose, quer por hereditariedade ou também por convivência com pessoas neuróticas. A neurose de um pai ou de uma mãe pode ser transmitida aos filhos. Pais severos, bravos, rígidos podem impedir o crescimento psicológico de uma criança e transmitilhe uma neurose fóbica, medo de tudo e de todos.

2. A sociedade de hoje é neurotizante

a) Para alguém conseguir alguma coisa na vida, é necessário entrar em uma *competição dura*. Existe fila para tudo, até para entrar em um hospital. Concurso para entrar numa faculdade ou para conseguir um emprego. A competição muitas vezes é desleal, especialmente no comércio. Muitas pessoas ficam frustradas, desanimadas, deixam-se entrar em depressão e não querem fazer mais nada.

b) A sociedade de consumo coloca na cabeça das pessoas *necessidades inimagináveis*, que são impossíveis de se conseguir: brinquedos lindos, casa luxuosa, carros do último tipo, viagens maravilhosas, prazer fácil e dinheiro e mais dinheiro. É impossível ter tudo o que nos oferece a sociedade de consumo. Como conseqüência vêm a frustração e a angústia. A pessoa humana não dá valor ao que tem e fica chorando pelo que não tem.

c) *Trabalho sociativo, inter-humano.* Antigamente o trabalho era mais individual. Existiam os ferreiros, os seleiros, os sapateiros, as costureiras, os pedreiros, os comerciantes e outros encargos. Hoje, o trabalho é quase todo coletivo, realizado em fábricas, e não individual. O funcionário não faz todo o trabalho, mas somente uma parte. As conseqüências para a vida são muitas: competição desleal, brigas, desconfianças, desvalorização do trabalhador, medo profissional, falta de autonomia, cansaço físico e mental, porque a máquina não pára.

3. A família não bem constituída pode criar o neurótico

a) *O enfraquecimento dos laços da família*: A família atua na vida da pessoa como uma ilha, onde podemos ter o amparo, o amor, a compreensão, o descanso e um lugar para o nosso bem-estar. Quando a família é desajustada, deixa de ser ilha e as pessoas não querem viver lá dentro. Nós encontramos o pai de família que prefere ficar horas e horas no bar da esquina a voltar logo para casa depois do trabalho. Encontramos o jovem que vive mais na rua, porque não agüenta o ambiente familiar.

b) *O retardamento do amadurecimento*: Uma doença prolongada de uma criança, a morte prematura dos pais, a violência da mãe ou do pai, uma educação rígida e o medo podem retardar o amadurecimento psíquico de muitos jovens. A conseqüência é a insegurança, a imaturidade, a defasagem entre idade cronológica e idade psicológica. Essa pessoa sofre porque não tem força para vencer os problemas da vida e está predisposta a entrar numa neurose.

c) *Rejeição direta ou indireta paterna ou materna*: Nós sabemos que a criança que não é aceita e querida dentro do útero materno poderá ter muitos problemas durante a vida. Sabemos ainda que a criança que é aceita dentro do útero, mas com a condição de ser homem ou mulher, poderá ter uma predisposição para problemas sexuais. A rejeição direta ou indireta prejudica a vida psíquica e sexual de uma pessoa.

d) *Carência afetiva*: O menino que não receber o carinho feminino de sua mãe poderá ter uma carência afetiva para o resto da vida. O mesmo acontece com a menina que nunca recebeu um carinho masculino de seu pai. Poderá ser aquela jovem carente que irá procurar carinho em todos os homens, porque nunca teve o do pai.

e) *O mal exemplo do pai ou da mãe*: O mal exemplo do pai ou da mãe poderá transtornar a cabeça dos filhos, e mais tarde eles não saberão o que é certo e o que é errado. O mal exemplo arrasta e faz muitos jovens viverem de um modo errado, porque os pais perderam a autoridade diante deles.

6. A vida antes de nascer

O ato sexual

É por meio de um ato sexual que nós recebemos a vida. A responsabilidade dos pais já começa no ato sexual. É por meio do ato sexual que Deus faz do homem e da mulher colaboradores com ele na própria criação.

O ato sexual não pode ser realizado com medo, como algo proibido, em lugares perigosos ou com ameaças de traumas. Mentes perturbadas geram filhos perturbados. Mentes culpadas geram filhos com complexo de culpa. Mentes recalcadas geram filhos recalcados, que vivem-se culpando ou culpando os outros, recalcados no erro, buscando só o que é proibido. O ato sexual tem de ser calmo, tranqüilo, baseado no amor.

Quando há vida?

Essa é uma grande discussão e muitos estudos já foram feitos nesse sentido. No momento em que o espermatozóide masculino atinge o óvulo feminino e o fecunda, já existe a vida: Um ser humano já começa a existir.

Quando o feto começa sentir e entender?

Com um mês e meio de gestação a mente humana já está formada. A criança passa a ser mente que comanda o corpo, que obedece. A cabeça do feto é enorme em proporção ao resto do corpo. A partir do momento em que a mente da criança é formada, o feto já entra em contato com a mente do pai e da mãe. Por meio da mente da mãe, o feto já começa a conhecer o mundo exterior.

(As Chaves do Inconsciente, p. 46, 89, 91, 92, 93, 99, 100)

O inconsciente

Desde o momento em que a mente da criança já está formada, começa a gravar no inconsciente todos os sons, alegrias, traumas e os pensamentos dos pais. Enfim, todas as projeções.

O nosso inconsciente é muito maior do que o nosso consciente. Os acontecimentos mais recentes são gravados em nosso subconsciente e depois ficam gravados para sempre no Pantamnésia. Toda a cultura existente no mundo já vai formando na criança a Pantamnésia. Tudo é gravado e nada escapa. As projeções são gravadas e ficam as introjeções. A criança é comparada a um gravador novo, tudo é bem gravado e nada escapa. Dentro do útero materno ela é um ser vivo, inteligente, sensível, que tudo percebe e tudo sente.

(As Chaves do Inconsciente, p. 23, 58, 60)

A REJEIÇÃO DIRETA INTRA-UTERINA PATERNA OU MATERNA

Um dos maiores problemas psíquicos que uma pessoa pode ter em sua vida é a rejeição direta intra-uterina do pai ou da mãe ou dos dois.

Rejeição direta quer dizer não querer o feto de maneira nenhuma. Depois do aborto ou tentativa do aborto, o maior crime que se possa cometer contra uma criança é não lhe dar aquilo que é necessário para a sua vida psíquica, o amor. Não dar amor é não querer a criança, é rejeitá-la, é aturar dentro da mãe um ser indesejável, incômodo, desprezível.

A maioria das pessoas neuróticas começou a ter seus problemas dentro do útero materno. Problemas estes que ficarão gravados no inconsciente dessas pessoas para sempre.

Conseqüências da rejeição direta intra-uterina

— A falta das necessidades básicas para viver bem: amor e carinho.

— A criança sente um mal-estar horrível dentro da mãe. Este mal-estar poderá voltar durante a vida do adulto.

— O parto poderá ser difícil, pois a criança poderá não querer nascer ("Lá fora não serei amada").

— A criança poderá sentir um medo horrível de nascer, como perda definitiva da mãe.

— Poderá haver um parto difícil, com anoxia, falta de oxigenação no cérebro, na hora de nascer.

— Depois do nascimento, a criança poderá ficar apegada ao pai ou à mãe, com medo de perdê-los. Ela passa a sentir os problemas e as dores do pai e da mãe, e muitas dores psíquicas.

— Com 1 ou 2 anos de idade, a criança poderá fazer, inconscientemente, greve de sono ou de fome, só para maltratar os pais e deixá-los preocupados.

— A rejeição direta cria uma barreira psicológica entre a criança e os pais.

— A rejeição direta poderá levar a criança à neurose e à esquizofrenia, mais tarde.

— A rejeição direta leva a pessoa humana a descontar nos pais aquilo que não recebeu durante a gravidez, e faz isto inconscientemente. Maltrata o pai ou a mãe, exigindo sempre amor ou coisas.

— A rejeição direta poderá levar a pessoa a uma insatisfação a vida inteira. São pessoas insatisfeitas e nada as satisfaz.

— À criança rejeitada, falta-lhe o amor. Ela poderá não se amar e não gostar de si. Não ama a si mesma, não ama os outros e não se deixa ser amada. Maltrata o máximo de si e se julga vítima da vida. Estas pessoas se julgam feias e até monstros.

— Há pessoas com repressão sexual a vida inteira, por causa da rejeição direta. Há mulheres com útero infantil, porque trazem problemas desde o útero materno.

— Quando há rejeição direta, falta o amor. "Deus é Amor." A pessoa rejeitada dentro do útero materno poderá ter durante a vida inteira uma revolta contra Deus.

A REJEIÇÃO INDIRETA INTRA-UTERINA PATERNA OU MATERNA

Rejeição indireta acontece quando os pais aceitam e querem o feto, mas querem com um outro sexo diferente do que a criança é na realidade. Querem um menino, mas o feto é uma menina. Querem uma menina, mas o feto é do sexo masculino.

Conseqüências da rejeição indireta intra-uterina

— A criança é mente que comanda o corpo, que obedece. O corpo da criança está em formação. A mente da criança poderá comandar alguma coisa do sexo oposto, para não perder o amor do pai ou da mãe. Um menino poderá nascer com gestos femininos, ou uma menina, com modos masculinos.

— Uma psique do sexo oposto poderá ser formada naquele feto. Mais tarde, essa criança poderá ser um transexual.

— A criança depois de nascer, para ser amada e querida pelo pai ou pela mãe, poderá ter brincadeiras ou usar brinquedos próprios do sexo oposto. É muito comum ver meninos brincando com bonecas.

— A criança poderá nascer com um desequilíbrio hormonal e ter jeitos e atitudes do sexo oposto.

— Dentro do útero, a criança poderá sentir-se rejeitada sentindo depois mal-estar e dores.

— Ela poderá destruir todos os brinquedos que ganhar pois eles não são do seu agrado.

— O adulto poderá ser um homossexual, um transexual ou bissexual ou ter compulsões e desequilíbrios sexuais.

— O adulto que teve uma rejeição indireta poderá ter aversão e até horror ao seu próprio corpo. Poderá ter medo do ato sexual ou aversão a isso e à pessoa do outro sexo.

As violências intra-uterinas: traumas da primeira infância

— Pontapé na barriga da mãe. O pontapé poderá ser dado pelo pai ou pelos filhos.

— O alcoolismo da mãe ou a concepção realizada durante o estado alcoólico do pai.

— O medo e a insegurança do pai ou da mãe poderão atingir o feto.

— Desastres ou quedas violentas.

— Traumas com bichos. Mais tarde aparecem os medos desproporcionais.

— Remédios e calmantes ingeridos pela mãe durante a gestação.

— O tóxico prejudica sensivelmente a mente da criança.

Traumas durante o parto

Nascer é uma função humana e não um método cirúrgico. O parto é um nascimento de um ser humano e não a saída de um monte de protoplasmas. Esse momento deve ser esperado com satisfação, com segurança e com alegria, e deve ser um dia de festa.

Segundo o dr. Artur Janov, em seu livro "O sentimento da

criança", 16 criminosos foram estudados e 15 deles nasceram de partos horríveis.

Machucaduras, dores, fórceps, anoxia com ou sem inversão de hemisfério, esses são alguns traumas da hora do parto.

Alguns outros problemas são:

— A cesariana poderá ser "preparada" durante o pré-natal, de tal forma que no dia do parto é preciso fazer a cesariana. O médico poderá ganhar muito mais fazendo uma operação cesariana que realizando um parto normal.

— Os irmãozinhos da criança que vai nascer deverão ser bem preparados para receber o nenê em casa. É muito comum o irmãozinho do recém-nascido beliscar ou ficar com ciúmes do nenê.

— A mãe, antes de ir para a maternidade, e o pai, que vai ficar em casa, deverão preparar os outros filhos, especialmente o caçula. Os filhos vão sentir a ausência da mãe. Quando ela voltar da maternidade, alegre com o nenê no colo, eles não deverão sentir ciúmes ou raiva do nenê.

7. Os traumas da primeira infância

Os traumas de 0 a 5 anos

— O não comemorar o primeiro ano de vida da criança. Os pais deverão dar de presente brinquedos e não roupas. A criança não gosta de roupa. Roupa é artificial.

— Violentar a criança. Violência feita pelos pais, irmãos ou coleguinhas. Muitos adultos guardam durante a vida toda a surra violenta do pai ou da mãe. Se houver necessidade de castigo, deverá ser aplicado com amor e nunca com raiva ou ódio.

— Violência sexual, acompanhada geralmente de ameaça. O despertar abrupto do sexo traumatiza a criança. A ameaça, o medo de se abrir e a conservação de introjeção durante muito tempo fazem muito mal à criança. O adulto, mais tarde, poderá ter medo do sexo oposto e ter problemas sexuais.

— O duplo vínculo ou a dupla interpretação moral marcam muito a criança. A criança tem um modo de pensar diferente do adulto e sem malícia. Não raro, a criança é castigada conforme a mentalidade do adulto e isso a traumatiza para o resto da vida.

— A fome, a pobreza extrema e a miséria poderão marcar muito uma criança. A falta de comida poderá prejudicar o desenvolvimento mental e psicológico da criança.

— Traumas com defuntos. Há pais que forçam a criança a se despedir de um parente falecido. Mais tarde, esta criança já adulta poderá ter medo de defunto ou até do caixão.

— Traumas com animais. A criança poderá assustar-se ou ser mordida por animais. Esta sensação desagradável poderá perdurar pela vida inteira.

— A própria natureza poderá traumatizar a criança. A tempestade forte, raios e terremotos, em geral, marcam muito a criança na primeira infância.

— As guerras, os acidentes de carro, quedas, trombadas, o engasgar poderão traumatizar uma criança.

— A rejeição materna ou paterna depois do nascimento. A criança que é abandonada ou entregue para outras pessoas certamente ficará marcada para sempre. É bom lembrar que a criança sente o cheiro, o calor e as sensações nervosas dos pais e enxerga. Quando há uma mudança de país, a criança percebe perfeitamente. A adoção para melhor é muito boa, mas poderá ter suas conseqüências. A criança deverá ser informada que é filho ou filha adotiva. A idade melhor para essa comunicação é a de 5 anos, dependendo de cada criança. Nunca criar uma pessoa na mentira. Um dia ela poderá ficar sabendo na rua a realidade e se revoltar.

— A separação dos pais. A criança coloca toda sua segurança e proteção nos pais. Quando eles se separam esta segurança e esta proteção ficam comprometidas. Também a criança precisa de um carinho masculino e feminino e uma educação dada pelo pai e pela mãe. É nesse equilíbrio masculino e feminino que a criança vai ter uma boa educação e conseguirá construir sua vida afetiva. Quando os pais se separam, além da guerra doméstica que a criança tem de enfrentar, ela fica sem um carinho equilibrado e sentirá a ausência do pai ou da mãe. Por isso o cônjuge separado deverá visitar e permanecer algum tempo com os filhos.

— O alcoolismo do pai ou da mãe poderá marcar a criança. O alcoólatra maltrata a si mesmo e vai maltratar as pessoas que ele quer bem. As brigas contínuas, as ameaças e o medo poderão trazer muitos problemas para os filhos.

— O medo é prejudicial à saúde psíquica e à saúde física. A criança nunca deverá ser educada no medo. Todo medo desproporcional que uma criança tem deverá ser tirado com todo o cuidado, sem traumatizá-la mais. O medo normal deve ser orientado. O mundo hoje é neurotizante e coloca medo na criança e também nos adultos. A neurose fóbica é uma realidade de nossos dias.

A criança e o medo

A criança por causa de sua dependência física e por causa de sua sensibilidade poderá apavorar-se diante de acontecimentos, de objetos e sentir muito medo.

Existe um medo natural, proporcional, que consiste numa defesa natural do organismo contra uma ameaça. Medo de uma cobra, medo da morte, medo de atravessar uma avenida movimentada. São medos normais, proporcionais à causa.

Existe também o medo desproporcional, anormal. A causa é pequena e o efeito muito grande, desproporcional. Alguns exemplos: medo de uma formiguinha, de escuro, de olhar pela janela, de assombração e medo de ter medo.

É lógico que essa pessoa medrosa sofre e sofre muito. Mais tarde, como adulta, esta criança de hoje poderá cair numa neurose fóbica e ter a Síndrome do Pânico.

A responsabilidade dos pais é muito grande. Os pais são aqueles que devem dar segurança para os filhos e não colocar medo na criança. Os pais, pelo contrário, deverão tirar todo o medo que a criança sente, especialmente os medos desproporcionais.

A criança nunca deve ser amedrontada. Infelizmente, o medo muitas vezes é usado por todos os seguimentos da sociedade, como um método errado de educação, para conseguir das pessoas um comportamento adequado.

As empregadas-babás muitas vezes forçam o nenê a dormir, cantando: "Dorme, nenê, que a cuca vem pegar. Papai foi na roça e a mamãe no cafezal". A criança está sem pai, sem mãe, e além disso "a cuca vem pegar". Esta cuca poderá ser um monstro muito feio para a criança. Ela dorme com medo; e todos os dias a mesma cantiga, a mesma ameaça. Mais tarde, essa pessoa entra numa neurose fóbica e não sabe por quê.

A criança vai para a escola e a professora, que deveria ser uma pedagoga, ameaça a todos os alunos e alunas: "Se vocês não estudarem, vão repetir o ano". "Se vocês não se comportarem bem, vou expulsar vocês da escola." A ameaça é todos os dias e o disco é sempre o mesmo.

Até o governo, que deveria ser uma segurança para o povo, coloca até na televisão uma ameaça: "Quem não observar o congelamento de preços, vai entrar bem". "Quem não pagar o imposto, o leão vai entrar em sua casa." Pobre povo. Pobre sistema neurotizante. Pobre da criança de hoje.

Fica aqui uma advertência a todos os pais: Mostrem a seus filhos a beleza de um bom comportamento e não o horror do medo. Nunca coloquem esse sentimento numa criança. Será uma ótima educação tirar todo o medo desproporcional que uma criança venha a ter.

A criança precisa de segurança

Os pais devem dar toda a segurança para os seus filhos. Toda criança medrosa deve ser trabalhada com todo o cuidado, para se tirar o medo e para que ele não aumente cada vez mais.

A criança sem medo anormal e sentindo segurança em seus pais vai crescer sadia, sem o egocentrismo e o egoísmo, tendo coragem para enfrentar as dificuldades da vida, colocando toda a sua segurança nos pais.

Essa segurança mais tarde deve ser substituída pela segurança em Deus. Deus é a maior fonte de saúde física e psíquica.

A segurança de uma pessoa deve ser no vertical e não no horizontal. O vertical é Deus e o horizontal são as coisas deste mundo.

A criança é mais receptora que transmissora

A criança tem uma sensibilidade muito grande. Ela pode ser comparada a um gravador novo, que tudo capta e guarda. Ela guarda tudo e tudo é gravado facilmente em seu inconsciente.

Há pais que costumam rotular seus filhos e fazem, muitas vezes, comparações entre um e outro. Cada pessoa é uma pessoa diferente e cada dedo da mão tem sua característica. Há os que na hora da raiva dizem barbaridades para os filhos e eles guardam isso para sempre.

Há muitas frases que são repetidas todos os dias em casa e nunca deveriam ser ouvidas por uma criança. Ela guarda essa frase, se rotula e amanhã poderá ter um complexo de inferioridade ou imaginar ser aquilo que o rótulo diz que ela é.

Um exemplo: Um garoto muito inteligente, que ouvia sempre de sua mãe esta frase: "Você é um burro como seu pai", tinha muita dificuldade em aprender. Quando este garoto fez um tratamento psicológico e o rótulo de burro foi tirado de sua vida, ele tornou-se o melhor aluno da classe.

Frases que nunca deveriam ser ditas a uma criança

— *Deus não gosta de você*
— *Tal pai, tal filho*
— *Eu ainda vou abandonar a você*
— *Não agüento mais você*
— *Oh! Que menina feia!*
— *Você não vale nada*
— *É melhor você morrer*
— *Sua irmã é bem melhor do que você*
— *Você é um capeta*
— *Oh! capetinha*
— *Se você continuar assim, eu vou entregar você a um homem mau*
— *Criança bonita não chora*
— *Eu vou fazer você engolir este choro*
— *Vou contar para o seu pai o que você fez*
— *Você não aprende nada*
— *Eu não gosto mais de você*
— *O bicho papão vai pegar você de noite*
— *Você é um bicho*
— *Que menina suja*
— *Você é igualzinho a seu pai*
— *Você não tem juízo*
— *Você é triste*
— *Se você não dormir, vou jogar você lá fora*
— *Você só tira zero*
— *Você só serve para puxar carroça*
— *Moleque da rua*
— *Que menina mole!*
— *Você é um fracasso total*
— *Você é um bucho feio*
— *Você é uma tranqueira*
— *Você é burro*
— *Você não sabe estudar e não estuda nada*
— *Você não sabe cantar*

8. O equilíbrio do casal e a educação dos filhos

O equilíbrio do casal comanda toda a educação dos filhos. Dentro de casa está o ponto de partida para que os filhos possam viver uma vida afetiva saudável.

O desequilíbrio dos pais ou a sua carência afetiva repercutem de um modo muito negativo na vida dos filhos. Se os pais soubessem o quanto as brigas e discussões em família prejudicam os filhos, nunca mais iriam brigar.

A desarmonia e o convívio difícil com os pais, a rejeição e o excesso de repressão provocam nos filhos várias reações: complexo de inferioridade, inapetência (falta de apetite), enurese noturna (urinar na cama), sonambolismo, mal aproveitamento escolar, e chega mesmo a prejudicar a sociabilidade e a formação da personalidade da criança.

A violência dentro de casa

Além do desequilíbrio do casal, a violência dentro de casa prejudica muito a formação dos filhos. Um pai ou uma mãe violentos matam toda a iniciativa dos filhos. O medo toma conta deles e tudo passa a ser uma ameaça. O pai pode de uma hora para outra perder a cabeça e começar a violência.

Pais violentos criaram filhos tímidos, despersonalizados, inseguros, medrosos, isolados, egocêntricos. Esses filhos poderão ter sempre a sensação de perigo e ter enurese noturna. Dependendo do tipo de violência, poderão traumatizar-se para o resto da vida.

A criança por natureza precisa de muito afeto e de muita segurança. Mas, quando percebe nos pais a violência, o laço afetivo entre eles poderá ser rompido.

Como conseqüência, a criança sentirá o peso da vida e pensa que tudo é contra ela. As energias, que deveriam ser empregadas para o crescimento psicológico, são empregadas na preocupação de se defender contra esses males que estão dentro de casa.

Essa criança, vivendo durante algum tempo nesse ambiente pesado, está preparada para sentir mais tarde as somatizações, o cair no isolamento, preparando um futuro neurótico.

Barreira psicológica entre a criança e os pais

Outro problema que muito prejudica o crescimento psicológico de uma criança é a barreira psicológica entre a crianças e os pais. Essa barreira, muitas vezes, é provocada pela rejeição intra-uterina materna ou paterna ou também pela rejeição depois do nascimento.

Mais tarde, quando os pais percebem o mal que fizeram à formação daquela criança, poderão fazer de tudo: dão carinho, presentes, afetos, amor, mas nada adianta. A criança não aceita mais nada, porque não se julga querida e amada.

Essa barreira entre a criança e os pais faz com que a criança fique preocupada consigo mesma, caia numa revolta, prejudicando o seu crescimento e amadurecimento psicológicos. Essa barreira pode ser tão profunda que mais tarde os filhos fazem tudo para ficarem livres do jugo paterno ou materno, partindo para casamentos de fuga ou abandono do lar.

A superproteção da criança

Um outro aspecto que impede o crescimento psicológico de uma criança é a superproteção. A criança superprotegida, especialmente em se tratando de um filho ou filha únicos, poderá criar ao longo de sua vida muitos e muitos problemas psicológicos.

O superprotegido não faz as experiências normais da vida, pois os pais, sem saberem, impedem-no. A criança recebe tudo de mão beijada, sem conquistar nada, sem fazer esforço para conseguir algo. Tudo é fácil, não se luta e portanto não há vitórias.

Se a criança tenta fazer algum esforço para conseguir algo, imediatamente há alguém para lhe entregar o objeto. Não houve esforço, não houve a conquista, nem a vitória necessária para a vida; por conseguinte nada é valorizado. Tudo o que a criança conseguir é sem valor. Com o tempo ela não faz mais força, torna-se acomodada, tudo espera, tudo exige e se irrita se não conseguir logo o que quer. O que vier sem luta e sem esforço não tem valor, é jogado fora porque não vale nada.

É lógico que essa criança superprotegida vai ser imatura e vai sempre agir como criança, porque ninguém a deixou crescer em experiência, especialmente nas experiências mais duras da vida. A experiência que ela conseguir fazer será mínima, porque tudo o que quiser fazer, será dito como deve ser feito. A criança cresce como que dentro de uma redoma de vidro, sua vida é limitada, seus atos não são seus mas dos adultos que dirigem sua vida.

Conseqüências da superproteção

Pobre da criança superprotegida! Quando tiver de sair da redoma de vidro, vai sofrer o impacto da vida e ter de enfrentar todas as dificuldades sem experiência de viver. A vida dessa criança vai ser muito mais dura, muito mais difícil, porque ela nunca aprendeu a sofrer. O sofrimento faz a pessoa amadurecer. Quem nunca sofreu não sabe o que é a vida, não amadureceu para a vida.

A imaturidade do superprotegido vai fazer com que a sua vida seja um peso insuportável e difícil de ser vivida. Ele passa pelo ridículo, porque os outros percebem sua dificuldade em viver e a tendência de todos é caçoar.

O jovem rico, superprotegido, diante das dificuldades da vida, começa a sentir a tristeza, a depressão e a angústia. O passar da tristeza, da depressão e da angústia para o tóxico é um pulo. Os pais depois ficam admirados: "Não sei por que meu filho (ou minha filha) usa droga. Houve uma boa educação, nunca lhe faltou nada, teve tudo do bom e do melhor".

Esse jovem rico teve tudo, mas lhe faltaram a formação da personalidade, a liberdade de viver, a luta de cada dia, as conquistas, as vitórias e os sofrimentos inerentes à própria vida. Esse jovem é imaturo. Não teve o amadurecimento psicológico necessário para a formação de sua personalidade.

Conseqüências da separação de casais para os filhos

Guerra doméstica

A separação de casais não é senão uma guerra doméstica que vai trazer muitas conseqüências para o casal e especialmente para os filhos. Depois de muitas brigas, discussões, o casal ou um dos cônjuges parte para a separação.

Os filhos já estão traumatizados, pois as brigas espedaçam o seu coração. Eles esperam dos pais a segurança, o conforto, o amor e tudo isso começa a rolar por terra, transmitindo-lhes o nervoso, a irritabilidade e a insegurança.

Se os pais soubessem como suas brigas prejudicam os filhos, nunca mais iriam fazê-lo. Pela guerra doméstica, os pais perdem diante dos filhos a moral e não têm mais condição de dizer alguma coisa de bom para eles. Mais tarde, esses filhos vão lançar no rosto de um pai ou de uma mãe tudo o que ouviram e aprenderam nessa guerra dentro de casa.

A guerra doméstica traz um clima tão horrível no ambiente

familiar, que ninguém mais quer entrar naquela casa ou permanecer ali longo tempo. O marido, ao voltar do trabalho, vai procurar seus amigos ou amigas ou ficar no bar da esquina, fazendo hora, até ter coragem de entrar em casa. Os filhos jovens preferem a rua àquele ambiente de guerra.

O processo jurídico

Depois da guerra doméstica, vem a guerra jurídica. Feliz o casal que conseguir um acordo amigável. Mas, muitas vezes, é aquele processo litigioso, que dura anos, acaba com os nervos da pessoa, cansa a cabeça, trazendo conseqüências psíquicas graves para os litigiosos.

O processo litigioso é desgastante para a pessoa humana, especialmente quando envolve muito dinheiro. Os filhos ficam presenciando a guerra jurídica, sem entender muito, tornando-os verdadeiros neuróticos de guerra. Aí aprendem a odiar o pai ou a mãe, indo contra a própria natureza, e com todas as conseqüências disso.

Com o processo amigável ou litigioso, há sempre a partilha dos bens. A pensão alimentícia dos filhos ou da esposa é um outro dilema muito grande para ser resolvido. Na maioria das vezes, aquela esposa que nunca trabalhou fora tem de enfrentar o mundo do trabalho com todas as suas concorrências. Aquele marido que administrava os seus bens sozinho sente-se lesado e prejudicado. Os filhos que estavam acostumados a um conforto e presentes têm de renunciar a tudo, porque o nível de vida abaixou.

A revolta dos filhos aparece imediatamente, porque se julgam inocentes e a briga não era com eles. Sentem-se verdadeiras vítimas, porque perderam o pai ou a mãe e também todo conforto econômico.

Depois da guerra é que se percebem as ruínas. Os pais começam a perceber que destruíram tudo que tentavam construir. O lar é uma ruína e, debaixo desta ruína, estão os filhos chorando, revoltados e inconformados. Quem sofre mais com a separação não são os pais, mas os filhos.

Novo lar, nova vida

Muitos casais, apesar do grande trauma da separação, querem construir um novo lar, dizendo que têm o direito de serem felizes. As mulheres especialmente nunca mais querem casar, guardando muitas vezes ódio dos homens e vivendo o trauma da separação para o resto da vida. Mas muitos conseguem construir um novo lar.

O marido procura uma amante, se é que já não possuía antes. A esposa, que geralmente fica com os filhos, apesar da revolta contra os homens tenta ter seus casos secretamente, escondida dos filhos.

Aparece o novo casamento, agora fora da lei de Deus e com grande conflito interno. É a tentativa de ser feliz, apesar de todo o desgaste humano. O novo lar é construído em cima de ruínas. Não sei se alguém poderá ser feliz em cima da infelicidade de outros.

Certa vez, o telefone do meu quarto tocou às 2 horas da madrugada. Uma família desesperada não sabia o que fazer com sua filha, em prantos, que queria se matar. Consegui falar com a filha desesperada.

O que havia acontecido? Ela ficou sabendo que o seu antigo marido, naquela noite, ficara noivo de uma outra mulher. O que ela iria dizer para as suas filhas? O melhor seria acabar com a vida.

Levei quase uma hora, ao telefone, para fazê-la parar de chorar e não querer mais se matar. Pensei comigo: Não sei se alguém consegue ser feliz em cima da infelicidade alheia.

Novo casamento, mais conflito dos filhos

Um novo casamento dos pais é para os filhos algo de conflitante. Nenhum filho, já crescido, agüenta uma madrasta tendo sua mãe viva. Nenhuma filha suporta um padrasto tendo seu pai vivo. A madrasta e o padrasto, com os pais vivos, é algo contra a natureza e algo forçado na vida de um filho ou de uma filha.

Lembro-me daquela mãe separada reclamando de sua filha de 7 anos, que se agarrara a ela e não dava sossego. Aonde a mãe ia, a filha ia atrás. A mãe reclamava, ainda, que a filha não queria mais saber do pai e não queria mais visitá-lo. Analisando o caso, deu toda a razão à filha. Aquela menina já havia perdido o pai e agora se agarrara à mãe, desesperadamente, com medo de perdê-la.

Esse agarrar-se da filha à mãe não é amor, mas desespero. A filha não aceita o pai e não quer mais encontrar-se com ele, porque ele tem outra mulher, uma madrasta para a menina, que sem o carinho masculino paterno poderá ser aquela jovem carente afetiva, com todas as suas conseqüências.

Como ficam os filhos diante de novos casamentos dos pais? Como eles vão aceitar os irmãozinhos, só do lado do pai ou da mãe? O certo é que essa mudança, esse novo casamento mexe com a cabeça dos filhos.

E o pior: qual é a formação que esses filhos vão receber dos pais, que já perderam a moral e a autoridade diante deles? O que vão pensar sobre o casamento que mais tarde terão de enfrentar?

A experiência que temos é que esses pais vão pagar muito caro por todo o mal que fizeram na vida dos filhos.

O número de jovens rebeldes aumenta. Os toxicômanos estão por toda a parte, pedindo que a sociedade seja diferente, porque nesta que está aí é difícil viver. O número de prostitutas de 13, 14, 15 anos aumenta dia a dia, porque estas meninas nunca tiveram um carinho masculino do pai e não agüentam ficar dentro de uma casa sob as ordens de um padrasto ou de uma madrasta, que dão mais carinho a seus filhos do que aos filhos de um lar desmoronado. Muitos pais estão pagando pelo resto da vida erros que foram cometidos diante dos filhos.

III

Família, a principal formadora da sociedade

1. Família e socialização

A família tem uma missão importante no mundo, que é uma tarefa básica e natural: a socialização. Sendo uma pequena e aconchegante sociedade familiar, unida pelo mesmo sangue e pelo afeto, prepara aqueles que vão entrar um dia na sociedade maior, a sociedade civil.

O ingresso de um adolescente na sociedade civil não é um fato fácil como se costuma imaginar. É um passo perigoso para o adolescente, que sente um impacto. A sociedade poderá parecer-lhe hostil, especialmente, quando ele já traz dentro de si um conflito não resolvido ou desequilíbrio adquiridos dentro do lar. Para não haver esse impacto, a família tem de preparar esse adolescente para entrar na macrossociedade civil.

O Concílio Ecumênico Vaticano II, em seu documento *Gaudium et Spes*, diz: "A família é a mais rica escola de humanismo". Explicitando essa afirmação, dizemos: na família, que for unida pelo amor, como deve ser, os adolescentes, os jovens vão aprendendo, na convivência harmoniosa do dia-a-dia, a conviver na grande sociedade civil.

Em outras palavras, é na família que se preparam jovens com personalidade, com equilíbrio e harmonia no modo de viver.

Esta é, sem dúvida, a maior contribuição que a família pode dar à sociedade: fornecer, ao invés de indivíduos fechados em si mesmos, desajustados e conflitivos, pessoas equilibradas, abertas na plenitude de suas potencialidades e preparadas para o convívio social.

A história conta que muitos jovens não preparados para a vida são derrotados. Entram por caminhos errados e passam a ser destruidores e inimigos da própria sociedade. Estes jovens sofrem e fazem muitos sofrerem. Mas a história mostra, também, que muitos jovens, que foram preparados para viver, tornam-se os construtores de uma sociedade melhor e passam a ser os grandes homens e mulheres que levam a vida fazendo sempre o bem.

A sociedade, no entanto, pode formar, em determinadas circunstâncias, algumas personalidades que não foram formadas dentro do cadinho familiar. Isto nem sempre a sociedade consegue e se consegue é por força de duras provas, trazendo o sofrimento para o indivíduo e para a sociedade. Esta é uma escola austera e inclemente. Não conseguindo formar, pode até massacrar.

Faltam ao Estado e à sociedade os ingredientes da formação familiar: amor, respeito, laços de sangue, o carinho e os afetos de um pai e de uma mãe, a intimidade, a abertura, a ajuda e o apoio moral.

É por tudo isso que o Concílio Ecumênico Vaticano II diz: "A família é a escola do mais rico humanismo".

É também dentro da família que se aprende a unidade na diferença e na diversidade.

A família tem de ter dentro de si este objetivo: construir

pessoas diversas umas das outras; cada pessoa é única e irrepetível, porém unida às outras pelo vínculo da fraternidade.

Para haver essa perfeição dentro de casa deve haver obe-diência e docilidade dos filhos aos pais; liberdade com responsabilidade; o respeito de um para com o outro; a alegria do convívio, acompanhada da correção fraterna. No pequeno mundo da família não podem faltar o perdão e a Xreconciliação.

Feliz a família que tem dentro de si esses pontos básicos.

Mas, acima de tudo, a família é a escola do amor.

Se dentro da família, as crianças, os jovens, os adultos e anciãos se amam como irmãos, pais e filhos, estes estão preparados para transformar e integrar a sociedade. Nesta sociedade competitiva e invejosa, onde houver ódio, eles levarão o amor, onde houver a violência, eles levarão a paz.

É a família, bem constituída e unida pelo amor, que fornece à sociedade estes tesouros: pessoas honestas, pessoas equilibradas, pessoas que têm dentro de si muito a oferecer.

Família: agente de transformação social

Pela própria dinâmica do matrimônio, a família tem de ultrapassar os cônjuges. Vêm os filhos, que são gerados para a Igreja e para a sociedade.

Esses filhos precisam ser formados no amor, na justiça, na honestidade, na luta pela vida, para serem mais tarde os agentes de transformação da sociedade. E para isso precisam ter uma personalidade humana digna e bem formada, uma personalidade cristã, para depois levar para o mundo os ensinamentos e os mandamentos de Deus.

O mundo está precisando de Deus. Sem Deus, o mundo só tende a sofrer, porque sem Deus aparecem: a violência, a ganância, a imoralidade, a injustiça, o assassinato, o seqüestro e sobretudo o ídolo dinheiro e com ele o roubo e a corrupção.

Se a família souber educar bem os filhos, ela passa a ser agente de transformação social.

A criança é a continuação do mundo. As crianças amanhã vão ocupar os cargos e funções de uma cidade — a prefeitura, a câmara de vereadores, as escolas, os tribunais, o comércio e todos os empregos necessários para o progresso de um município. As igrejas estarão lotadas, amanhã, por essas crianças de hoje que em casa são formadas no cristianismo.

A família, sendo a base principal da sociedade, passa a ser a formadora da sociedade de hoje e de amanhã. Por isso, os pais precisam formar bem os seus filhos, para que eles exerçam papéis importantes na sociedade.

Os políticos de amanhã estão sendo formados hoje dentro da família. O governador de amanhã, o presidente de amanhã estão sendo formados, hoje, dentro da família.

Sem essa formação, nós teremos amanhã maus políticos, maus administradores e maus líderes do povo.

A família é muito importante, pois ela passa a ser agente de transformação social. Ela é, antes do Estado, o agente de transformação da sociedade.

Os pais orientando a vocação dos filhos

Cada pessoa precisa se auto-realizar. Essa auto-realização se efetua com a pessoa saindo de si mesma, doando a sua vida, por meio de uma profissão ou por meio de uma vocação. A pessoa se realiza pessoalmente e comunitariamente.

Com a situação do mundo de hoje, especialmente no Brasil, as circunstâncias fazem com que a pessoa procure sua subsistência o mais rápido possível, sem atingir a sua vocação ou profissão certa.

Nas famílias de classe mais alta, os pais fazem os filhos estudar e ter sua profissão de acordo com sua vocação.

Mas muitos jovens que estudaram, esforçaram-se para estudar, não são absorvidos pelo mercado de trabalho. Não exercem sua profissão.

Além disso, nas famílias mais pobres, os filhos têm de trabalhar cedo para ajudar em casa e para garantir sua subsistência.

A conseqüência de tudo isso é que encontramos pessoas fora de sua profissão, não realizadas vocacionalmente, frustradas e sem realização pessoal.

Também o matrimônio é uma vocação. Deus chama o homem e a mulher para entrar em seu plano de amor e colaborar com ele na criação de novos seres, que serão filhos de Deus. Portanto, o matrimônio é um ato livre, uma vocação dada por Deus.

Os pais, vivendo neste mundo materialista, consumista e egoísta, muitas vezes têm dificuldade em mostrar para os filhos: a santidade do matrimônio, o matrimônio como uma vocação, a vida voltada para o outro, a doação da vida. E sobretudo os pais têm dificuldade em mostrar, ou não querem mostrar, para os filhos a vocação sacerdotal e religiosa.

Por experiência própria, vendo meus pais, digo que uma das maiores alegrias que um pai ou uma mãe podem ter é ver um filho sacerdote, ou uma filha religiosa ou um filho religioso. Essa alegria é imensa e somente alguns pais a sentem, por uma graça especial de Deus.

Meu pai chorava de alegria ao ver seu filho subindo os degraus do altar para oferecer a Deus o santo sacrifício da missa. A minha mãe estava sempre alegre e falava com amor de seu filho sacerdote.

Só quem passou por essa experiência vai sentir essa alegria. Os pais dão o seu filho não a uma mulher, mas o devolvem a Deus. Quem tiver capacidade de entender, que entenda. E essa grande alegria desses pais é uma graça extraordinária de Deus.

2. Pluralismo religioso

Nós sabemos que Jesus Cristo fundou uma só religião, que começou com os Apóstolos e que tem 2.000 anos.

Religião que começou depois de Cristo é falsa. Há muita religião fundada por pessoas que não são inspiradas por Deus. Muitas começaram depois de divisões, brigas, política e depois continuam como se fossem religião verdadeira.

Há religiões de antes de Cristo que hoje estão por aí, com seu estilo de vida. O Brasil já foi invadido por várias dessas falsas religiões do Oriente como budismo, seicho-no-iê e as religiões muçulmanas. Também já foi invadido por falsas religiões da Europa, junto de brigas e política de séculos passados: luteranismo e as seitas protestantes.

Atualmente, o Brasil está sendo invadido por milhares de seitas americanas. Seitas que brigam entre si e se unem só para combater a Igreja Católica. Mas nós católicos não precisamos ter medo.

A Igreja de Jesus Cristo precisa ser perseguida como Cristo foi perseguido. Mas não precisamos temer, porque Cristo disse: "As portas do inferno não prevalecerão contra ela". Ninguém vai vencer ou acabar com a nossa Igreja.

As seitas com o tempo vão desaparecendo. Milhares já ficaram para trás através dos séculos. No tempo de Cristo já existiam várias seitas: seita dos publicanos, dos saduceus, dos fariseus e outras.

A religião dentro da família

E dentro das famílias encontramos muitas vezes religiões diferentes: duas religiões diferentes no casal. Às vezes, um cônjuge praticante e outro indiferente.

Encontramos ainda: pais religiosos e filhos sem religião, ou filhos religiosos e pais sem religião.

Uma coisa nós precisamos ter em mente: "Religião não se discute, se esclarece".

Para resumir podemos dizer: Jesus Cristo é o Centro da Igreja, é a Pedra angular, como ele mesmo disse. Esse Jesus está presente na Divina Eucaristia, ele é o Pão descido do céu, o nosso alimento. Quanto mais perto de Cristo, mais cristãos nós somos, mais vida de união com Deus nós temos.

Há pessoas que se aproximam de Cristo diariamente, vivem uma vida Eucarística profunda, comungam diariamente. Pessoas que levam para o seu trabalho, para o mundo sua vida cristã autêntica. São pessoas profundamente cristãs e santas.

Lembro-me de que em certa ocasião precisava falar com um empresário em São Paulo e telefonei para a sua firma. Ele já havia ido para sua casa almoçar. Mas me disseram: "O senhor poderá encontrá-lo na igreja tal, às 14 horas, pois antes de voltar para o trabalho, ele passa uns quinze minutos diante do Santíssimo Sacramento". No horário indicado estive naquela igreja e encontrei com o empresário cristão. Estas são pessoas que vivem a fé no mundo.

Temos outros cristãos que praticam sua religião, oram em família e participam da Santa Missa todos os domingos. Lutam pela justiça, pela paz no mundo.

Há aqueles que não praticam a religião com freqüência, mas batizam os filhos. Seus filhos fazem a Primeira Comunhão, são crismados e participam da missa de sétimo dia de seus parentes. Para estes, religião é só dentro da Igreja; lá fora não.

Há também aqueles que praticam a religião quando são carregados para o altar. Como isso? Sim, são carregados:

— Quando foram batizados, foram carregados no colo da madrinha até à pia batismal.

— Quando casaram na igreja, foram carregados pela noiva, senão não iriam.

— E quando morrem, são carregados num caixão até à igreja, para serem encomendados.

Há muitos cristãos assim, são cristãos de carona. Religião separada da vida.

Muitos casais vivem a verdadeira fé

Temos os cristãos que estão unidos à Igreja de Jesus Cristo pela fé. Acreditam em tudo o que Jesus revelou. Estão unidos à Igreja de Jesus Cristo pela Palavra de Deus. Lêem a Bíblia, oram, mas se esquecem de que a revelação não está contida só na Bíblia, mas também no Magistério da Igreja e na Tradição Apostólica.

Há os cristãos unidos à Igreja pela caridade. Pessoas boas que praticam a caridade, que fazem o bem ao próximo e têm boa intenção. Há os que estão unidos a Cristo pela virtude da esperança. Querem ter uma vida eterna, têm esperança no céu.

Mas temos também pessoas que participam de outras religiões e até as que são enganadas: participam do catolicismo e freqüentam centros, terreiros, casas esotéricas, seicho-no-iê, como se isso não fosse religião.

São pessoas divididas em seu interior. Acreditam em Jesus Cristo, mas vivem não a verdadeira fé e sim entram no mundo da crendice e suas mentes são dirigidas para um esquema de vida que não é o esquema de Cristo.

Temos ainda muitos cristãos batizados que são enganados por falsos pastores, entram para as seitas, passam a ser pessoas fanáticas e se dizem pessoas fervorosas e crentes. Muitos destes cristãos estão voltando para a Igreja Católica porque nessas seitas se combatem Nossa Senhora, a mãe de Cristo, e os santos.

Eles percebem com o tempo muita divisão e brigas internas, porque essas seitas não têm a unidade de fé e se multiplicam por brigas internas. Muitas vezes essas seitas exigem um determinado tipo de vida, como usar tal roupa, cortar ou não cortar o cabelo, e tantas imposições que as pessoas sentem-se ridículas diante dos outros. Muitos voltam para a Igreja Católica, porque percebem que são manipulados no modo de pensar e são ameaçados para não deixar aquela religião: "Se você deixar esta religião você não se salva e sua vida não terá mais jeito". Religião de medo e de ameaças.

Por fim, nós temos aquelas pessoas que dizem não acreditar em nada, porque não querem compromisso com Deus ou são pessoas revoltadas, que viveram acontecimentos desagradáveis no passado e ainda não superaram. Porém, o ateu de verdade, isso não existe, porque a criatura humana é por natureza religiosa. Nós saímos de Deus e voltamos para Deus.

A realidade, no entanto, é esta:

Quem não tem o Deus verdadeiro vai arranjar para si falsos deuses e poderá dar a vida e viver só para o deus dinheiro. Quem não tem a fé verdadeira arranja para si muitas e muitas crendices. Essa é a realidade.

Para todos fica aqui a palavra de Cristo: "Quem crer em mim terá a vida eterna... Quem não crer já estará condenado".

Quem não tem fé não acredita: na vida eterna, no céu, em Deus. Já está fora da felicidade, está fora do céu, não vai viver com Deus. Isso é horrível demais.

3. A família e os meios de comunicação social

Os meios de comunicação são meios modernos e de grande penetração. São bons, mas depende de quem comunica.

Há pessoas que têm uma boa formação, um bom conhecimento e transmitem coisas boas. Mas infelizmente há aqueles que não têm uma boa formação, são pessoas até problemáticas e transmitem o negativo, o errado e até o ridículo.

Cada um dá o que tem. Quem tem só o errado vai transmitir o errado e vai dizer a todos que está certo. Com isso, nós vemos que os meios de comunicação podem, quando bem usados, esclarecer, formar e educar. Mas quando mal usados, deformam, deseducam e levam o ouvinte para caminhos errados.

Nós sabemos que no mundo de hoje há muitos que querem o povo ignorante para ser manipulado. Muitos querem o povo problemático, para mais gastar, mais ser enganado, porque o importante é o dinheiro e não o povo.

Mas cada pessoa tem diante de si um botão que pode ligar ou desligar. Se aquele programa de televisão não presta para você, para sua família ou para os seus filhos, desligue, mude de canal e você terá coisas melhores dentro de sua casa. Não deixe entrar em sua casa a imoralidade, aquilo que é horrível e vai prejudicar alguém.

Nós sabemos, no entanto, que há muitas pessoas que preferem a pinga a uma boa bebida. Sabemos que o cavalo come capim e não pão-de-ló. Espero que você, prezado leitor, tenha bom senso e escolha coisas boas para colocar dentro do seu interior e não coisas estragadas, que fazem mal e dão mal-estar em todos.

Mais uma vez digo: você tem diante de si um botão que pode ligar ou desligar. Tenha coragem de desligar, quando perceber que aquele programa não é bom e lhe fará mal.

E nós podemos colocar aqui aquilo que é prejudicial nos meios de comunicação social:

— A violência gera violência. A televisão está cheia de violência. Com o tempo, muitos vão-se acostumando com a violência e passam a praticá-la como algo normal da vida. Nos últimos anos, a violência aumentou no mundo: assaltos violentos; morte e assassinatos com mais freqüência; o seqüestro, que era desconhecido no Brasil, passou a ser assunto de cada dia; a violência dentro da família aumentou e muito, foi preciso até fundar as delegacias da mulher.

— A violência dentro de casa não atinge só as mulheres, esposas, mas especialmente os filhos e filhas. A violência à criança aumentou muito. E esta criança de hoje, criada na violência e vendo-a nas telas da televisão, vai ser mais violenta no dia de amanhã.

Mais ainda: A televisão está destruindo a família. As novelas ensinam descaradamente a separação de casais, a infidelidade conjugal, as mocinhas namorando os homens de idade e a leviandade sexual.

Muitas pessoas não têm senso crítico. Não sabem o que é certo e o que é errado, deixando-se enganar e dando valor àquilo que não tem valor. Tenho dó do jovem de hoje, que muitas vezes é enganado, tapeado e depois amanhã sofre as conseqüências de uma vida errada.

Outro problema: Os meios de comunicação ensinam uma vida fácil... apresentam uma riqueza que só poucos possuem.

Criam necessidades falsas e enganosas. Apresentam o sexo como coisa que precisa ser aproveitada ao máximo, de um modo egoísta e sem responsabilidade. Sexo fácil, em qualquer lugar e com qualquer um ou uma.

Caminhos que levam à desilusão, à destruição da família e à limitação ao máximo dos filhos.

Como conseqüência, nós vemos: famílias separadas em grande número; infidelidade dele ou dela, trazendo guerras domésticas horríveis; o despertar do sexo para a criança antes da hora e até o sexo violento, com conseqüências psíquicas para o resto da vida; o estupro passa a ser assunto de todos os dias; a prostituição deixou de ser uma zona da cidade, é a cidade inteira.

Quem tiver senso crítico desligue aquele programa indecente e coloque coisa melhor dentro de você.

Quem tiver senso crítico, não compre mais aquela revista ou aquele jornal, que só o deforma e não constrói nada dentro de você.

Há jornais que são maravilhosos. Mas há outros que se forem amassados e espremidos vertem sangue. E muitas pessoas gostam disso.

Essa é a realidade do mundo de hoje. Há de tudo. Basta saber escolher.

4. Planejamento familiar

Para haver um planejamento familiar, os casais podem usar os métodos anticoncepcionais. Há métodos naturais de graça e métodos artificiais, que têm preço e não são baratos.

É lógico que os meios de comunicação não vão fazer propaganda dos métodos naturais, porque o que é de graça não dá lucro, e nem vão falar dos métodos naturais para não prejudicar o lucro dos comprimidos vendidos.

Métodos naturais

1. Método de Ogino Knaus: a mulher sadia tem uma ovulação mensal. Ovulação de 24, 28, 30 ou 32 dias, dentro da normalidade. O óvulo verde vai crescendo, torna-se maduro por apenas alguns dias, depois ele entra em decomposição e é expelido pelo corpo feminino. O método de Ogino Knaus consiste em saber quando o óvulo está maduro e poderá ser fecundado. Geralmente o óvulo tem 11 dias de decomposição. Por meio de uma tabela, a mulher poderá saber quais são os dias fecundos.

2. Método do termômetro: a mulher tem uma temperatura mais elevada nos dias fecundos. Usando um termômetro na vagina, a mulher poderá saber quais são os dias fecundos e os dias não fecundos.

3. Método Billings: A mulher tem normalmente um muco vaginal. Nos dias fecundos, esse muco vaginal está espesso,

grosso. Nos dias não fecundos, ele é líquido e leve. Assim a mulher poderá saber quais são os dias fecundos.

Desvantagens dos métodos artificiais

— O método artificial traz muitos problemas de saúde para muitas mulheres.

— Existe um derramamento de pílulas nas camadas pobres. A solução dos problemas sociais não é acabar com os pobres, nem matá-los, mas arranjar comida para todos. O governo tem de solucionar seus problemas, acabar com a corrupção pública e dar meios para que cada brasileiro tenha seu alimento, sua casa e seu emprego. Não é matando ou dizimando o pobre que se vai acabar com o problema social. As nações ricas do Primeiro mundo empregam métodos artificiais na limitação dos filhos, para que a nação pobre não cresça e não tenha um aumento populacional.

5. Aborto

Houve uma conferência internacional de médicos na Europa. O assunto era a gravidez materna — o feto dentro da mãe.

Um médico expositor colocou diante da platéia um problema: "Uma mãe teve um filho e esta criança nasceu surda. Teve um segundo filho e esta criança teve problemas físicos, com dificuldade de andar. O terceiro filho dessa senhora nasceu com problemas na fala. *A questão é a seguinte*: A mulher está grávida pela quarta vez. O que fazer com o feto? Mais uma criança vai sofrer no mundo?"

Alguns médicos, menos escrupulosos, disseram logo: "Essa gravidez deve ser interrompida imediatamente. É preferível tirar a vida dessa criança a fazê-la sofrer".

Depois de alguns minutos de silêncio, o médico expositor disse: "Vocês, médicos desumanos, acabaram de matar um dos maiores gênios do mundo, que se chama Beethoven, o grande músico, e que continua a encantar o mundo. Beethoven, como seus irmãos, teve problema, ficou surdo, mas mesmo surdo compôs a sua maior sinfonia, a 9ª Sinfonia de Beethoven".

Jamais matar uma criança dentro do útero materno. Você poderá estar matando a felicidade de um pai ou de uma mãe. Poderá estar matando um gênio da humanidade. Estará, sim, matando um filho ou uma filha de Deus.

O aborto é um crime horrível. Um crime covarde, porque quando se mata uma pessoa adulta ela pode-se defender, correr e pedir socorro. A criança dentro do útero materno não pode-se defender, nem correr ou pedir socorro.

Quem provoca um aborto, mata uma criança dentro do útero materno, está cometendo um assassinato, um crime covarde e mata um ser inocente, inofensivo e sem poder defender-se.

Legalizar o aborto é um crime tão grande ou até maior do que abortar voluntariamente. O 5º mandamento da lei de Deus é bem claro: "Não matar".

Quando um criminoso, um assassino, um réu é condenado à morte, ele tem direito a um julgamento, tem direito a ter um advogado para defendê-lo. E somente depois de comprovado o crime, é que ele é condenado à morte.

A criança dentro do útero materno não pediu para nascer, não cometeu erro algum, não é criminoso e não pode ser condenada à morte.

Mais uma vez afirmo: Provocar um aborto é um crime covarde que vai marcar a pessoa que cometeu aborto para o resto da vida.

É verdade que existem muitas clínicas clandestinas de aborto. Mas isso não justifica a sua legalização. Se um dia liberarem o aborto no Brasil, as clínicas continuarão aumentando muito mais que as já existentes.

A lei do aborto vai contra a lei de Deus, é uma lei injusta, ilegítima e nula. Porque as leis dos homens não podem ir contra a lei do supremo legislador, que é Deus.

São assassinos e dignos de uma pena eterna horrível não só a mulher que consentiu em fazer o aborto, mas também: o pai da criança, que consentiu; o médico que fez o aborto; o enfermeiro ou enfermeira que ajudaram; o farmacêutico que vendeu o remédio abortivo; o laboratório que fez tal remédio; os conselheiros e as conselheiras do aborto. Enfim, todos os que estão envolvidos na morte daquele feto, que é um ser humano, tem direito de viver, tem vida, sentimentos e uma cabeça com um intelecto.

Abortar, interromper uma gravidez, é crime que brada ao céu.

Vamos fazer aqui um grande elogio às famílias que têm seus filhos maravilhosos. Casais que lutam, trabalham, para levar alegria, o sustento e dar a vida pelos filhos, que são também filhos de Deus.

A criança é a coisa mais linda do mundo. É o sorriso de Deus na terra. É o presente que Deus dá ao homem e à mulher que tiveram capacidade de se amar.

Um país sem crianças é um jardim sem flores. Uma pátria sem crianças é um cemitério sem vida. Que nunca mais haja aborto no Brasil.

Eu pediria a todas as mães: nunca tirar de dentro de seu útero aquilo que Deus fez com tanto carinho. Se a mãe chega a perder a capacidade de amar, Deus nunca perdeu essa capacidade. Deus nos ama e ama a criança que vai nascer.

6. Aids

Deus sempre perdoa. O homem perdoa de vez em quando. A natureza nunca perdoa.

O transexualismo, o homossexualismo e o bissexualismo cresceram contra a própria natureza de um modo tão espantoso que apareceu no mundo a doença chamada Aids. Se formos contra a natureza, ela se vingará de um modo horrível.

E hoje, o risco de contrair essa doença, que acaba com todas as imunidades da pessoa, está não só na relação sexual, mas também em qualquer agulha de seringa que não for descartável, como também podemos contrair essa doença incurável nos próprios hospitais.

A Aids está em quase todas as cidades e por toda a parte. A tendência é aumentar cada vez mais e eliminar grande número de doentes contagiosos. O que foi a lepra no passado, é a Aids no mundo moderno.

E hoje em dia querem cobrir a Aids com uma camisinha, como se isso fosse resolver o problema. O que é preciso é ter uma educação adequada e não contra a natureza, como se o sexo fosse algo banal, a ser usado indisciplinadamente, de qualquer modo e em qualquer lugar.

O mundo moderno precisa aprender que o sexo é uma coisa santa deixada por Deus aqui nesta terra. O sexo deve ser usado dentro do matrimônio, com muito amor, muita higiene, respeitando a natureza e nunca contra ela.

Por isso os namoros levianos e sexualizados devem terminar, para não serem no futuro a desgraça de um casal, pois muitos moços estragam a sua própria esposa antes de casar e depois querem exigir delas fidelidade e compreensão.

Para os homossexuais e bissexuais deveria haver um tratamento especializado, para evitar o transtorno da natureza e da sociedade.

Os transexuais, os que querem mudar de sexo, deveriam ser orientados, para não cair numa prostituição masculina e feminina, que será o fim da pessoa humana.

Deveria haver cursos seríssimos sobre sexualidade e não a deseducação sexual dada em cada casa por meio da TV e de novelas ridículas.

Não adianta querer colocar uma camisinha na Aids, é necessário muito mais. A educação sexual seríssima é muito importante. Assim, os casais iriam viver a sua fidelidade conjugal para valer e não iriam buscar lá fora o gozo, o prazer, o sexo contra a natureza e levar para dentro de casa a Aids, que é transmitida a uma esposa e depois aos filhos.

Já temos crianças nascendo com Aids. Que essa doença horrível seja um alerta para toda a humanidade.

Não vá contra a natureza, pois ela se vingará de você.

A pessoa humana precisa ter os três equilíbrios: mental, emocional, sexual. Não faça do sexo a coisa mais importante de sua vida. Quem não tem um domínio sobre o corpo é um desequilibrado sexual.

Deus existe e quer a felicidade de todos os seus filhos.

Se tomarmos o caminho errado, vamos encontrar o sofrimento, a dor e a infelicidade.

7. A cultura da morte

A vida precisa ser cultivada. Muitas vezes, temos de lutar para conservá-la. A sociedade de hoje cria meios para acabar com a vida e multiplica a morte. Quais são esses meios? A fome, a desvalorização da pessoa humana, a busca desenfreada do lucro, a violência urbana, agressão à mulher, agressão à criança, valorização de falsos valores que degradam o ser humano. Hoje em dia existe uma cultura de morte com o tráfico de bebês, a comercialização dos órgãos da criança. Isso tudo é demoníaco e contra a natureza humana.

Os bispos da América Latina reunidos em Santo Domingo chamam a família de "santuário da vida", e as famílias têm de ser verdadeiros "santuários em defesa da vida".

O número de filhos dentro da família está diminuindo. Muitos casais por motivo socioeconômico não querem ter muitos filhos e entram no jogo do controle de natalidade. Muitas vezes, o casal não é orientado sobre isso e entra em métodos abortivos, métodos prejudiciais à saúde da mulher e muitos partem para a esterilização.

Sabemos que o assunto é bastante complexo e até mundial. Muitas pessoas não sabem que grandes nações não querem que outras cresçam e fazem propaganda aberta para a esterilização, fazendo verdadeiro derrame de pílulas. Isso é desumano, contra a natureza e contra os princípios cristãos.

A realidade do Brasil é esta: As famílias que não têm condição de ter filhos vão aumentando cada vez mais o número de filhos. As abastadas, ricas, que poderiam ter e educar muitos, não os têm, e, se têm, é o mínimo possível. Conseqüência: No futuro o Brasil será cada vez mais pobre e menos rico.

Vamos trazer novamente as últimas estatísticas. Para o fim do nosso século, o Banco Mundial e o Instituto de Pesquisa Econômica Aplicada trazem estes dados: A pobreza atinge 60 milhões de brasileiros; mais de 30 milhões são indigentes; dos 130 milhões de pobres na América Latina, 44% estão no Brasil em situação de miséria, passando fome e sem moradia digna. Essa situação poderá aumentar ainda para pior, se os pobres continuarem a ter muitos filhos e os ricos um ou dois filhos.

A Igreja deseja que cada família seja planejada. Deve haver uma paternidade responsável. A Igreja desaconselha todos os métodos anticoncepcionais artificiais e aconselha os métodos naturais. Mas os métodos naturais não dão lucro, por isso não são propagados pelos laboratórios.

Há países em que o número de pessoas idosas é a maioria. Dificilmente se vêem nas ruas jovens ou crianças. Na última guerra mundial, quando a Alemanha tomou a França em apenas uma semana, perguntaram: "Onde estão os jovens soldados defensores da França?". A resposta de De Gaulle ficou célebre: "Os jovens defensores da França estão nos esgotos de Paris; foram abortados pelas mães".

Quando estive em Paris, fiquei escandalizado com um "outdoor" que pedia por favor, por misericórdia, que as mães tivessem mais filhos.

8. Solidariedade

A solidariedade sempre deve existir no mundo. O mundo sem solidariedade é egoísta. Deus sempre chama a atenção para que não fique sem assistência: o órfão, a viúva, o faminto, o sem-teto, o peregrino e o estrangeiro, em nosso caso: os migrantes.

É na família que nós aprendemos a solidariedade. As famílias precisam ajudar-se mutuamente. Quem não doa sua vida vai angustiar-se e perder a vida. A vida precisa ser doada.

A pessoa idosa, por exemplo, precisa de muito carinho e de muito respeito. Na velhice, com o decorrer dos anos, vamos nos tornando criança e podemos chegar à posição fetal, quando a pessoa já está toda encurvada. A pessoa idosa precisa de tanto carinho como uma criança.

A Bíblia em muitos lugares fala do amor que devemos ter com os nossos avós e pais idosos. O livro do Eclesiástico 3,12 diz: "Filho, ampara a velhice de teu pai. Não o desgostes durante a sua vida. Se o seu espírito for desfalecendo (se ele ficar mais fraco e abatido), sê indulgente. Não o desprezes na plenitude de tua vida. A caridade que exerceres com o teu pai não será esquecida e te será levada em conta em troca de teus pecados".

Os jovens poderão aprender muitas experiências da vida com os mais velhos. Feliz o jovem que sabe ouvir e sabe aprender com os mais experientes. Mas, o jovem precisa lembrar que um dia ele também será uma pessoa de idade, se não morrer antes. A vida é muito rápida e curta demais.

Muitos casais, por exemplo, não têm uma idéia de conjunto. Pensam que são só eles, os dois e nada mais. Todos nós estamos dentro de um contexto histórico e não escapamos disso.

O mundo continua e os filhos e netos continuam a história. Dentro desse contexto histórico está a construção de uma sociedade fundada no direito, na justiça, na paz, na partilha e na fraternidade. Cada família é uma célula dessa sociedade. Por isso, cada família tem de trabalhar para que o mundo e a sociedade sejam melhores, mais justos, fraternos e cheios de paz. E por isso, dizemos que a família está a serviço da vida e a serviço da sociedade.

A Igreja deve fazer tudo para ajudar as famílias. A ação pastoral tem de atingir a pessoa humana em todos os seus setores: econômico, cultural e social.

A família é sem dúvida uma fonte de vida, a continuação da sociedade. Sabemos que ela não está isolada, mas é envolvida pelo setor econômico: muitas estão bem, mas muitas passam por necessidades prementes; a família é envolvida pela cultura de um país; e a família está envolta no setor social.

A Igreja trabalha para que a família seja cada vez mais feliz, atuante no mundo e tenha esperança de dias melhores. A Igreja, conforme palavras do Papa Paulo VI, tem de ter uma pastoral coordenada em todos os campos da atividade humana: econômico, cultural e social.

Assim a Igreja estará ajudando o homem e a mulher a defender a sua dignidade, o seu bem-estar, e a serem os construtores de um mundo melhor.

9. Um problema e a solução feliz

Termino este livro com uma história verídica e positiva, que eu tive a felicidade de acompanhar.

Um casal com quatro filhos era muito feliz e educava os filhos com todo o amor. Deus estava dentro daquela casa e abençoava aquele lar. Mas a fraqueza humana está em toda a parte e o problema aparece.

Aquele marido, que amava a sua esposa e seus filhos começou a ficar triste. A esposa percebeu logo. Na intimidade, a esposa pergunta ao marido:

— Porque você está triste? O que está acontecendo com você?

— "Não é nada não", responde o marido.

No dia seguinte, o marido está mais triste ainda. A esposa, percebendo tudo, insistiu:

— Bem, por que você está triste, conte para mim. Eu vou ajudar você.

O marido, depois de pensar bem, se abriu e disse:

— O meu problema é o seguinte: eu tenho uma amante na cidade vizinha há dois anos. Mas o problema não é esta amante, porque ela morreu há vinte dias. A minha dificuldade, o meu problema é o seguinte: esta minha amante deixou um filhinho de 6 meses e a família dela não quer ficar com a criança, dizendo que o filho é meu. O desespero toma conta de mim e eu não sei o que fazer.

A esposa deste marido infiel suspirou profundamente, passou as duas mãos pela testa e pela face. Depois disse com muita coragem e amor:

— Marido, este filho é seu?

— "Sim, é meu", respondeu o pai da criança.

— "Você tem certeza disto", insistiu a mulher.

— Sim, tenho certeza, este filho é meu.

A esposa, com mais coragem ainda e com bastante equilíbrio emocional disse ao marido:

— Marido, nós não casamos com comunhão de bens? O que é seu, não é meu? O que é meu, não é seu? Pegue o carro e vá imediatamente buscar esta criança, porque este filho é meu também.

O marido, chorando, pegou o carro e partiu.

A esposa reúne seus quatro filhos e diz para eles:

— O Papai do Céu mandou para vocês um irmãozinho maravilhoso. Vamos ficar contentes e alegres, porque é um presente para nós.

A esposa chama a cozinheira e dá uma ordem:

— Prepare imediatamente um bolo bem gostoso.

Duas horas depois, chega o marido com o bebê no colo.

A alegria é muito grande... Todos batem palmas e cantam: Parabéns prá você...

O marido e a esposa se abraçam e lágrimas de alegria correm nos olhos dele e dela. Ela fala no ouvido dele:

— Bem, aqui termina toda a história, não vamos mais tratar do assunto.

Depois de sete anos, eu encontrei novamente com aquele marido e perguntei:

— Como você está com sua esposa?

Ele respondeu:

— Padre Cabral, todos os dias, quando eu levanto de manhã, eu pego a mão da minha esposa e beijo com muito amor. Porque, no dia em que eu precisei de uma esposa, eu tive.

Índice